大阪的

ろいおばはん」は、こうしてつくられた

井上章一

GS 幻冬舎新書 521

まえがき

かつての大阪には、名だたる大企業の本社が、たくさんあった。今、その多くは東京へうつされている。大阪の旧本社は、大阪支社という位置づけになった。大阪に本社をおきつづける会社の数は、いちじるしくへっている。

そういう傾向をたどったのは、本社の数にかぎらない。以前の大阪は、さまざまな経済指標で東京とはりあえた。だが、今の大阪に、昔日《せきじつ》の面影はない。首都東京との格差は、ひろがるいっぽうである。

そして、少なからぬ大阪人が、そのことをくやしく思ってきた。東京にたいするにくまれ口も、しばしばこの街では耳にする。東京がなんぼのもんやというような言い草を。

こういう口ぶりの裏面には、まちがいなく負けおしみの気持ちがある。くやしまぎれの鬱憤が、そういう口吻《こうふん》をもたらすのだと思う。首都東京の人びとには、優越者の余裕で聞きながしてほしいところである。

京都にも、都《みやこ》の座がうばわれたということで、東京をうらんでいる人は、けっこういる。東京への出張を、今でも彼らがしばしば「東下《あずまくだ》り」と放言するのは、そのためである。まあ、この空《から》いばりも、大目に見てほしいところではあるのだが。

大阪人と京都人は、東京にだしぬかれたという想いを、どちらももつ。いっぽう、神戸は一九世紀のなかごろにできた新しい都市である。東京にとちゅうでおいこされたという記憶を、市民はいだかない。だから、神戸の人びとは東京の優位を、比較的わだかまりなくながめてきた。

いっぽう、大阪や京都の市中には、反東京感情がいきづいている。まだまだ、怨念はぬぐいきれていない。神戸ッ児《こ》の場合とは、気のもちようがちがっている。

にもかかわらずと言うべきか。大阪と京都の人びとは、東京への反発で連帯しようとしない。手をとりあって反東京連合へ、というふうには心をうごかしてこなかった。どちらも、そっぽをむきあっている。

理由のひとつは、メディアが両都へはってきたレッテルにもあるだろう。

京都は観光都市である。物見遊山でおとずれる人は、昔からおおぜいいた。とりわけ、新幹線の開通は、観光客の数を飛躍的にふくらませている。なかでも、女性旅行者の入洛《にゅうらく》者は、圧倒的な勢いで増加した。

そのため、首都東京の雑誌、とりわけ女性誌は、ひんぱんに京都をとりあげだす。さまざまなスポットを、美辞麗句でかざりたてていった。ただでさえ高飛車な京都人の鼻は、これでますます高くなったろう。

新幹線の開設は、大阪にも多くの旅客をもたらした。大阪はビジネスの街である。急増した来阪者も、たいてい男性、ビジネスマンであった。二〇世紀のおわりごろまで、あまり女性の会社員はいなかったと思う。仕事のあとは歓楽街で……というような男たちが、この街にはむらがった。

こういう趨勢《すうせい》に対応し、中央の男性誌は大阪のナイトライフを書きたてる。風俗店の穴場案内などに、力をいれだした。おかげで、街じたいの評判も、どんどん下司《げす》っぽくなっていく。大阪人が、本質的に下劣だったからではない。劣情をいだいた来訪者がふえたから、この傾向は助長された。

京都は、みやびな様子が、おおげさにえがかれる。メディアの世界では、高雅《こうが》で風格のある街になりおおせた。そのいっぽう、大阪は実態以上に下世話な街だと、印象づけられるようになっていく。都市としての品格は、いやおうなくおとしめられた。

大阪は京都の近くにある。たがいの往来も、少なくない。だから、大阪の人びとは、京都の実像についても、あるていどの見極めができている。

東京のメディアがまきちらす賛辞で、京都の値打ちは底上げされてきた。それであおられ、増長する京都人がいることも、大阪人には見えている。同じ関西人どうしで連携しあおうというような気分を、大阪側はいだきにくい。

いっぽう、大阪は下品なレッテルをはられてきた。一種の風評被害をこうむってきた街である。京都人のほうでも、手をたずさえようとする意欲は、おのずとわきにくくなる。あそことくんでも、ブランド効果はのぞめない。以上のような判断も、おのずと京都側を大阪から遠ざけた。

大阪と京都が、以前から心情的な違和感をいだきあってきたわけではない。たがいにそっぽをむくこの心模様が色濃くなってきたのは、このごろの傾向だと考える。東京のメディアが、たがいの個性を誇張してつたえだしたことに一因がある、と。

じっさい、京都の河原町通や木屋町通ぞいには、大阪という名をもつ町がある。木屋町御池《おいけ》の南東が上大阪町、四条河原町を北上した東側は下大阪町となっている。烏丸《からすま》五条の南西には大坂町がひろがり、新宮川町通の五条を下れば大阪町にでくわす。大阪材木町があるのは、堺町通ぞいで、三条と姉小路《あねやこうじ》にはさまれたあたりである。

かつては、大阪から物資が、それらの地域にとどけられた。あるいは、大阪からきた商人たちがくらしていたのかもしれない。なんらかのいわれがあって、こういった町名はできたのだろう。

京都の洛中に、大阪を名のる町が点在する。この事実は、大阪の名がそうきらわれてもいなかったことを物語る。むしろ、なにほどかはしたしまれていたぐらいだろう。

船場《せんば》は大阪の中央区にある。かつては、大阪を代表する商人たちが、店をかまえていた。京都で言えば、洛中のなかの洛中とも言うべき地域である。

古老たちに聞けば、かつての船場言葉は京都風であったという。京都の呉服などをあつかっていたせいもあるのだろうか。船場商人のしゃべり方は、あまり京都とかわらなかったらしい。そう言えば、嫁には京都の娘をむかえたいという考え方も、以前はあったと聞く。

大阪の船場と京都の洛中は、けっこうつうじあっていた。同じ上方《かみがた》としての一体感だって、なかったわけではない。近年のメディアが両都の分断を強めたと、そう私が判断をするゆえんである。

この本は、世に流布する大阪論のあやまりをただそうとしている。紋切型の大阪像がつくられていく過程に、光をあてようとする本である。

私は大阪と京都の不仲を、不幸なことだと思っている。関西としての連帯感を回復してほしい。そんなふうにもねがってきた。

私は京都の西郊《さいこう》に生まれそだっている。洛中の京都人からは、京都だとみなされない地域である。だから、私も自分のことを京都人だとは考えない。

大阪には、仕事でよくたちよる。しかし、あたりまえのことだが、大阪人という自覚はめばえない。また、大阪の人びとも、私を大阪の人間だとみとめないだろう。

けっきょく、私は自分のアイデンティティを、関西にもとめてきた。関西弁をしゃべる、関西生まれの関西人だ、と。大阪と京都のいがみあいをつらく感じるのも、そのせいだと思う。たがいの誤解にねざす反感なら、これを修正したい。そうも考え、大阪論のこまった常套《じょうとう》を、批判的に検討していった。

この「まえがき」は、東京のメディアがあおってきた大阪像に、光をあてている。二都の不和には、首都の情報操作でおどらされているところがある。そう力説することで、私なりに地元の人たちへ、関西人としての覚醒をうながした。あなたたちは、けっきょく東京にあやつられている。そううったえれば、大阪や京都の人も、目をさましてくれるだろうと、期待して。

じつは、まだつげておかなければならないことがある。世の大阪像は、東京のメディアがふくらましてきたと、ここまでのべてきた。しかし、なかには大阪のメディアが話を盛ってきた部分もある。大阪像の滑稽《こっけい》化には、地元のテレビ局なども、けっこう加担してきた。そこをかくすのはずるいと考え、ここに書きとめる。本文のなかでも、そういう側面は見すごさないよう、気をつけたつもりである。

いずれにせよ、この本じたいが東京の出版社から刊行されている。そこを問題にする人は、この「まえがき」そのものを狡猾《こうかつ》な作文ときめつけるかもしれない。大阪や関西を論じるのも、なかなかたいへんである。

第九章 大阪と大阪弁の物語 209

第一章 大阪人はおもしろい？

あんたも大阪の女やろ

大阪の街には、世間から誤解をされているところがある。雑誌やテレビは、こっけいにうつる一面ばかりを、はやしたててきた。なかには、そのせいで迷惑をこうむっている人もいる。

大阪のおばちゃんと聞けば、たいていの人があるきまりきった人柄を思いうかべよう。人なつっこく、冗談をたやさない、陽気な女性たちである、と。まあ、なれなれしく、けたたましい人たちだと、眉をひそめるむきもありそうな気はするが。

しかし、物静かで思慮深い女の人を連想する人は、あまりいない。一般にひろがっているのはその逆、もっぱらにぎやかな印象のほうである。

もちろん、大阪にも口数の少ない女性はいる。慎み深い、あるいはひっこみ思案な人も、おおぜいくらしている。

私にも、万事ひかえめな大阪女性の知りあいはいる。前に、そういう人のひとりから、つげられたことがあった。

自分は社交があまり得意でない。おもしろそうな言いまわしをかわしあうのは、苦手である。そんなやりとりがまわりではじまった時は、たいてい聞き役にまわってきた。

そっぽをむいたりはしない。人付き合いは大切だと、自分なりに思っている。言葉の掛け合いには加われないが、笑顔はたやさない。なのに、冗談口の応酬に興じていた某女性から、ある時こうなじられた。

あんたは、しんきくさい女やなあ。あたしらが、こうやってわあわあしゃべりおうてる時、いっつもだまってるやろ。なんで、話の中にはいってけえへんのや。あんたかて、大阪の女やろ。大阪の女やったら、大阪の女らしゅう、ちょっとはおもろいこと言うたらどうや。

大阪の女なら、会話に笑いをもちこむべきである。それができないのは、大阪女性としての能力に欠けている。そんな責め言葉が、彼女には投げつけられたという。

知人をそう難じた女性の言い分を、私は直《じか》に聞いていない。知人の言いっぷりだけで事情をおしはかるのは、一方的にすぎるかなと思う。だが、それでも、大阪の女ならおもしろくあれとするきめつけぶりに、私はなじめない。いやな同調圧力のかけかただなと、反感をおぼえる。

こういう観念の鋳型《いがた》が、しかし私の反論ぐらいでなくなるとは思えない。とうぶん、はびこりつづけるだろう。ここでは、せめて、その歴史をさぐることで、相対化をはかりたい。いったい、いつごろ、どうしてこういう常套的な大阪の女性像はできたのだろうか。

太鼓持ちちゃうぞ、俺は

仕事の都合で、よく東京にでかける。だが、関西人の私は、いわゆる標準語がしゃべれない。どんな用件も、関西弁ですませている。たとえば、ホテルのロビーで編集者と事務的な打ち合わせをする時も。

そんな時、私の語り口はロビーのまわりにいる人々を、くすくす笑わすことがある。とくに、冗談口をたたきあっていなくても。味気ない、ビジネスライクな受け答えに終始している場合でさえ。

テレビの世界で、関西弁が笑芸《しょうげい》の公用語になっているせいだろう。その響きを耳にするだけで、笑う準備のできる人が、他地方にはいるのだと思う。もう慣れっこになっているが、周囲の笑顔を見るたびに、私はてれくさく感じてきた。

東京での仕事が多いという大阪の若い男性からは、こんな話を聞かされたこともある。東京の仲間は、大阪から出張できた自分を、漫才師のようにあつかいたがる。飲み会などで顔をあわすたびに、おもしろいことを言えとねだる者さえ、いなくはない。

大阪の人は、みんなふだんからおどけたことを言いあっているんでしょう。漫才は、そんな大阪の風土が生んだ芸だって、よく言うじゃない。僕たちのことも、楽しく笑わせてよ。とまあ、そんな調子で懇親会の座持ち係をおしつけられることも、あったりする。

幸か不幸か、自分には社交性がある。彼らの求めに応じて、にぎやかしの役目を、しばしばはたしてきた。でも、思うんですよ。なんで、お前らのために、こんなことせなあかんのや。俺はお前らにやとわれた太鼓持ちちゃうぞ、って。

私は京都の近郊で、生まれ育った。大阪人ではない。口をついて出てくるのは、京都弁である。しかし、他地方の人びとに、大阪弁との区別はつかない。私のしゃべりっぷりも、首都圏などへいけば、大阪風に聞こえてしまう。笑いをもたらす方言だとみなされる。

じじつ、こっけいな語りをせがまれたことなら、私にもあった。若いころは、首都の東京で、そういう注文に何度かでくわしている。

あけすけに書くが、今の私はやや偉くなった。年もとっている。笑わせろと頼まれることは、さすがに東京でももうなくなった。だが、若い大阪人は、しばしば座興の笑いをのぞまれる。けっきょく、大阪に求められているのは、道化として首都につかえる途《みち》なのだろうか。

話題をかえるが、かつての上方は芸能の先進地帯であった。あらゆるジャンルにおいて、日本の芸能世界に君臨していたのである。だが、今は笑いをとる芸でしか、きわだてない。上方芸能は、王位をうばわれた。おいおとしたのは東京である。そして、旧王は新王の前で、道化として生きのこる途をえらんでいる。私の脳裏には、そんな芸能史の見取図がうかぶ。宴席で太鼓持ちの役目がもとめられることも、同じ構図のなかにあるのだろうか。

慎み深い上方の女たち

「私の見た大阪及び大阪人」という文章を、ごぞんじだろうか。作家の谷崎潤一郎が、一九三二年にあらわした随筆である。

関東大震災にみまわれた谷崎は、関西へにげてきた。東京へはかえらず、阪神間に新居をかまえている。そして、そこで見聞きした関西や大阪の様子を書きとめ、発表した。なかに、大阪女性の話しっぷりを論じたくだりがある。ここにひいておく。

「関西の婦人は凡べて……言葉数少く、婉曲《えんきょく》に心持を表現する。それが東京に比べて品よくも聞え、非常に色気がある。……猥談などをしても、上方の女はそれを品よくほのめかしていう術を知っている。東京語だとどうしても露骨になる……」

大阪の女たちは、抑制のきいた静かな物言いを好むという。今のテレビなどがはやしたてるのは、まったく正反対のおばちゃんたちである。人前でもはにかむことなく、あけっぴろげにふるまう人たちへ、光をあてやすい。谷崎が見た八十数年前の大阪に、大阪のおばちゃんはいなかったのだろうか。

「私の見た……」を書いたころの谷崎は、阪神間の山手でくらしていた。船場あたりの上品な奥様やお嬢様方が、多くうつりすんでいた地域である。庶民的な大阪とふれあうことは、少なかったろう。そのため、作家の大阪観察にも、いくらかゆがみが生じた可能性はある。

それでも、谷崎が今日的な通念にまったくふれなかった点は、見すごせない。いっぱんに、大阪の女は含羞《がんしゅう》がなくうるさいと言われるけれども、それはちがう。自分が知っている女たちは、たいてい言葉数も少なく、ひかえめにふるまっている。とまあ、以上のようには、話をすすめなかった。大阪女性のしゃべりかたは東京より品がいいと、ただそう書くにとどめている。

もし、大阪の女はものおじせず、赤裸々にものを言うと、ふつうにみなされていたら。

一九三〇年代に、今日的なおばちゃん像が、ひろく流布しておれば。谷崎も、上品で遠慮深い女性像を語る前に、そういう一般論へ言いおよんだだろう。自分はこれから、世間の常識をしりぞけるが、そのつもりで読んでくれと言うために。だが、谷崎はそういうことをしなかった。

大阪女性の陽気な開放性を強調する一般通念は、まだできていなかったと言うしかない。テレビでおなじみの、ああいう紋切型は、あとで新しくこしらえられたのである。

おばはんたちの、その昔

大阪の女性は、ひかえめで品がある。そう谷崎潤一郎が、一九三〇年代はじめに書いたことを、さきほど紹介した。とはいえ、こういう物言いも、ひろく一般的にみとめられていたわけではない。まったくちがう女性像を、たとえば、作家の岩野泡鳴《ほうめい》が書いている。

「大阪の婦人は日本国中いずれの地方の婦人よりも快闊《かいかつ》である。おしゃべりなのもそれが為で……平民的で愛嬌があるのが、大阪婦人の特色である」（『大阪の婦人』一九一一年）

彼女たちは、口数が多く陽気であるという。そう書いたころの岩野は、まだ野趣ものこる今の大阪府池田市あたりにくらしていた。阪神間にすみついた谷崎とは、つきあう相手がちがっていただろう。

そう言えば、岩野は大阪の女たちを「平民的」であったと、のべている。ようするに、岩野がであっていたのはそういう女性、いわゆる庶民だったろう。そして、谷崎の場合は、阪神間の山手婦人が、主な交際相手になっていた。かたほうは饒舌《じょうぜつ》であり、もういっぽうは寡黙であったという。このちがいも、両者の階層差にねざしていたのではないか。

ここに、織田作之助の『わが町』（一九四三年）から、興味深いシーンを紹介しておこう。この小説には、他吉という人力車夫が登場する。学がなく、文字は読めないという設定になっている。自分宛にきた手紙も、字のわかる人へわたして、読んでもらわざるをえない男である。

ある時、いつものように手紙の読解をたのむため、他吉は隣家へ声をかけた。しかし、当主はいないと、なかにいる「おばはん」から返事がかえってくる。それなら、お前でもいい。「おまはん字イはどないだ？」と、他吉はたずねてみた。読み書きの能力が問われたことは承知のうえで、彼女はこう応じる。

「良《え》え薬でもくれるのんか。なんし、わての痔イは物言うても痛む奴ちゃさかい」

「字イ」を「痔イ」とあえて曲解してみせるやりとりに、近所では笑いがおこる。どうやら、谷崎がえがく大阪女性とはべつの、気さくでありすぎる「おばはん」もいたらしい。

昨今、脚光をあびる大阪のおばちゃんは、この系統をうけついでいるだろう。庶民的な、字の読めない男もいた下町の女たちが、今は前景へうかびあがりだしている。谷崎的なほうは、後景へしりぞいた。このことを、我われはどううけとめればいいのだろう。

大阪人にもユーモアがある

大阪の人は、話がおもしろい。言葉のやりとりが、漫才のように聞こえる。上方芸能のいわゆるお笑いは、たがいにおどけあうことをよろこぶ大阪人が、はぐくんだ。そんな大阪文化論を、我われはしばしば耳にする。

私じしん、そう力説している大阪弁の男を、東京で見かけたことがある。たまたま入った居酒屋で、隣の席からくだんの文化論は聞こえてきた。見れば男は、関東弁の連れたちと、大阪の漫才を語りあっている。

そして、その話題に関するかぎり、彼は指導者のようにふるまっていた。にわかじこみの大阪弁で漫才の真似事におよぶ、ほぼ同年代の関東者をたしなめてもいる。師匠が弟子を、きたえるかのように。

あかん、あかん。そんな間合いでやったら、笑いはとれへん。ええか、ボケとツッコミは、ただそれらしい文句をゆうたらええんとちゃうんや。ボケのボケぶりは、活かすも殺すも、ツッコミのタイミングしだいなんやから……。

とまあ、彼は以上のような口調で、その場をしきっていた。たいしたことを言っていたわけではない。だが、大阪の人間は、素人であっても、大阪からきたというだけで、笑いの師となりうる。そのことを、目に焼きつけさせられた一瞬ではあった。

前にもふれたが、東京生まれの谷崎潤一郎は、関西へうつりすんでいる。そして、大阪見聞の随想を書いた（「私の見た大阪及び大阪人」一九三二年）。八十年以上前の記録だが、そのなかで谷崎は大阪の人びとを、都会人としてみとめている。関西では、大阪だけが都会的だとさえ、書ききった。その理由は、大阪人の機知にあるという。

「大阪人はアレでなかなか滑稽を解する。その点はやはり都会人で、男も女も洒落《しゃれ》や諧《かい》謔《ぎゃく》の神経を持っていることは東京人に劣らない……洒落の分るのは江戸っ児ばかりに限ったことはない。それは中国四国辺の人と大阪人とを比べてみると、その相違が実にはっきりしている」

意外なことに、大阪の人たちもユーモアがわかっている。その点では、江戸っ児とくらべても、ひけをとらないというのである。

大阪人こそがそういう方面の達人だとは、まったく思っていない。彼らにも諧謔味はあると、あたかも数年の滞在で発見をしたかのように、つたえている。今日とは、平均的な大阪人像のちがう時代があったことを、わかっていただけよう。

「大阪のおばちゃん」は、ここからはじまった

「まいどワイド30分」というテレビの番組を、ごぞんじだろうか。一九八三年から九三年まで、十年間にわたって放送された。テレビ大阪が世におくりだした、大阪限定のニュースワイドショーである。

放送時間は、午後五時から五時半まで。勤め人たちは、まだ帰宅していない。テレビを見るのは、おもに家庭の主婦たちという時間帯である。

その想定されうる視聴者層を、ねらってのことだろう。この番組は、「決まった！今夜のおかず」というコーナーを、うちだした。大阪の市場や商店街で食材をもとめる買い物客に、カメラとマイクをつきつける。そうして、今晩のおかずは何にするのかとたずねる枠を、もうけたのである。

画面へ顔をだすのも、とうぜん大阪の主婦たちにかぎられた。似たような試みじたいは、以前からあったかもしれない。街でリポーターが女性へ声をかける映像も、単発的には流されていたような気がする。

だが、「決まった！今夜のおかず」は、連日彼女らを放送した。もっぱら、商店街の主婦たちに焦点をしぼり、同じ時間枠でつたえつづけたのである。画期的な番組であった。

テレビ大阪は後発のローカル局であり、既存の在阪四局と互角にたたかえない。よそと同じことをやっていたら、負けてしまう。そんな想いも、当時としては目新しいこの企画を、あとおしした。番組担当者であった沢田尚子《ひさこ》が、以上のような回想をのべている（「大阪のおばちゃんに助けられて」関西民放クラブ「メディア・ウォッチング」編『民間放送のかがやいていたころ』二〇一五年）。

とはいえ、この番組も取材をしたすべての女性に、光をあてたわけではない。おもしろいと制作者たちが判断した者だけをえらび、テレビの画面には、だしていた。

はじめは、絵になる主婦をさがしだすのに、苦労をしたらしい。何人にも路上で声をかけ、ようやく見つけだすというような状態であったという。だが、街頭インタビューをかさねるにしたがい、担当の沢田は人選の勘もやしなわれた。「『このお母さんはいけそう』

とか、だんだん見えてくるんです」（同）

路上取材でであった女性の中から、ゆかい気に見える人だけをぬきだし、放送する。のちには、在阪各局がこの手法をとりいれた。大阪のおもろいおばちゃんばかりを、画面から洪水のように流しだしたのである。ここでは、それが一九八〇年代以後の、新しい現象であることを、確認しておきたい。

「プロポーズ大作戦」の裏面には

大阪の朝日放送で社長までつとめた西村嘉郎《よしお》は、ラジオの時代から放送にかかわった。あるインタビューで、その当初から視聴者参加形式の番組はあった、と言っている。二〇世紀のなかばすぎには、「素人も一緒に入れて」、番組をつくっていた、と。

その理由を、西村はつぎのようにのべている。「東京から……高名な俳優や芸人を呼ぶと制作費が高くつくということもあった」（「関西の番組の特徴は『笑い』――『視聴者参加』と『公開』の三つ」関西民放クラブ「メディア・ウォッチング」編『民間放送のかがやいていたころ』二〇一五年）

朝日放送だけにかぎった話ではない。在阪局は、どこも知恵をしぼってきた。「お金をかけないでどう面白く作るか」。「各局とも変化球を放りながら東京と闘っ」た。そう西村は語っている（同）。ようするに、経費面での悪条件が、「素人」への依存を余儀なくさせたというのである。

ライバルの毎日放送は、クイズ番組で視聴者参加の新機軸を、つぎつぎにうちだした。朝日放送は、カップルをあの手この手で、あつかってきたという。「夫婦善哉《めおとぜんざい》」「新婚さんいらっしゃい！」「プロポーズ大作戦」等々と。

しかし、まじりっ気なしの「素人」をそのままつかったりは、けっしてしなかった。番組を活性化させるために、スタッフは「出場者の予選会を丹念にや」ったらしい。「予選でエピソードをいかにうまく拾うかで番組の成否は決ま」るからであるという。

あるていどは事前にしこまれた「素人」が、画面にでていたということか。だが、それでも視聴者は、おもしろい「素人」の映像を、見せつけられることになる。連日連夜のそんなつみかさねは、情操教育めいた役目を、地元ではたしてきただろう。「素人」だって、おもしろくふるまうほうがいいという感性を、はぐくんだと考える。

西村に取材をしたインタビュアーも、こうたずねている。関西人が、もともとひょうきんだから、そういう番組もなりたったのか。あるいは、メディアがしかけてそうなったのか、どちらだ、と。

　これに、西村は前者だとこたえている。そもそも、関西人は「サービス精神旺盛」なんだ、と。しかし、インタビュアーが、いくらかその点をうたがっていたことは、いなめない。私もそこがあやしいと、にらんでいる。

　もし、関西人に「旺盛」な「サービス精神」が、ほんらいそなわっているのなら。その場合は、「出場者の予選会を丹念にや」る必要もなかったろう。だが、テレビ局は事前の人選に、心をくだいてきた。やはり、彼らの「サービス精神」は信頼しきれなかったのだと思う。

予算の少ない準キー局

　大阪のテレビ局は、番組制作の経費にめぐまれない。東京の局とくらべれば、予算がかぎられる。その不利な条件を逆手にとって、大阪局はギャラのいらない一般人を、画面にだしてきた。市井《しせい》の人びとをコミカルにうつすよう、つとめてきたのである。一九八〇年代には、大阪のおばちゃんをも、こっけいな姿で登場させるようになっていく。

　以上のように、私は話をすすめてきた。大阪の人びとが、おもしろいとひろく認識されだした原因は、テレビの放映ぶりにある。ゆかいな一般人へ依存せざるをえない予算状況が、今の大阪人像をもたらした、と。読者は、眉に唾をつけられただろうか。

じっさい、財政事情をくらべれば、仙台局や広島局あたりのほうが、大阪より乏しかろう。東京局ほどは豊かでない在阪局も、他の地方各局よりめぐまれているはずである。にもかかわらず、大阪以外のテレビ局は、笑える一般人をさほどそだててこなかった。おもしろい大阪人という一般通念は、くるしい予算の賜《たまもの》であると、ほんとうに言えるのか。

東京局以外のテレビ各局は、基本的に東京制作の番組を、各地で流している。各地方局で独自にこしらえたものを放映することは、それほど多くない。また、あまりそういう番組を、つくってもこなかった。地元住民のおかし気な部分を、画面のなかで無理に誇張する必要もなかったはずである。

だが、在阪局には大阪制作の番組を、たくさん放映する力がある。のみならず、準キー局としてのプライドもあり、大阪制作にたいするこだわりは強い。東京制作の画面をしりぞけ、地元制作のそれにさしかえる度合いでは、大阪が群をぬく。まあ、昔はその割合が、今よりずっと高かったのだけれども。

おわかりだろうか。他の地方局がもたない使命感を、在阪局はせおいこんでいる。予算の限界もあるのに、東京とはりあえる地元制作の番組を、ひねりだすねばならない。いかにも準キー局らしいこの志が、こっけいな大阪人の大量動員をうながしたのである。

ただ、一般人のおもしろさをうつす安あがりの手法は、東京でも採用されだした。このごろは、街頭取材の受け答えがあざやかな通行人の映像を、東京の番組でもよく見る。バラエティー番組の客席へ集められた観覧者も、以前よりいい反応（リアクション）をしめすようになった。首都でも、テレビの制作経費はけずられだしているということか。

大阪人ばかりがコミカルさできわだつ時代も、そう長くはつづかないのかもしれない。

テレビの力

「101回目のプロポーズ」というテレビドラマをおぼえておられるだろうか。中年のさえないおじさんが、美しい女性をいとめる物語である。それぞれの役は、武田鉄矢と浅野温子が演じていた。

ヒロインは、チェロを弾く演奏家。三年前に亡くした恋人のことを、彼はピアニストでもあったが、忘れられずにいる。新しい出会いにも、なかなかふみこめない。そんな彼女に、主人公は舞いあがる。中堅建設会社の係長という設定だが、もうぜんとアタックをしはじめた。ことわられても、臆せずに。

奥の手と言うべきか。くだんの係長は、彼女の心へくいこむために、ピアノの練習を開始する。今は亡き彼女の恋人がよく弾き、彼女も好きだというショパンのエチュード（10－3）を。

その演奏を聴いた彼女は、魂を揺さぶられる。どうして、あたしのためにそこまですることができるの。それは、あなただからです。とまあ、以上のようなやりとりをへて、二人はむすばれる。これは、うらぶれたおじさん＝武田鉄矢が、美貌の浅野温子を勝ちとる物語なのである。ピアノを恋の飛び道具にした、中年男のメルヘンにほかならない。

このドラマは、一九九一年七月から九月にかけて、放映された。フィナーレをむかえたころから、見ていた多くの中年男が、ピアノにとりくみだす。ピアノを武器にすれば、武田鉄矢ていどのルックス（失礼）でも、浅野温子に手がとどく。男たちは、そんな幻想をいだくようになっていく。

私は、大阪・梅田のさるピアノ教室で、先生たちから話を聞いたことがある。あのころは、洪水のように中年男がおしよせた。みんなショパンのエチュード（10－3）をやりたいって、言ってたよね。ほんま、飛んで火に入る夏のおっさん状態やったわ、等々と。

断言するが、ショパンに関しては、全員がとちゅうであきらめただろう。通勤のあいまに練習をするサラリーマンが、一年や二年で弾きこなせるような曲ではない。その点では、ドラマの設定じたいに無理がある。

にもかかわらず、「101回目のプロポーズ」は、多くの男をピアノへ走らせた。分別をわきまえ、社会の裏も知っているはずの中年を。テレビには、それだけの力がある。紋切型の大阪人像が増幅されていく過程でも、テレビのはたした役割は、あなどれない。私がそう判断するゆえんである。

第二章

阪神ファンがふえた訳

甲子園の閑古鳥

阪神タイガースが、戦後の二リーグ分裂後にはじめて優勝したのは一九六二年である。リーグ制覇をきめたのは、十月三日、甲子園球場のデーゲームであった。対戦相手の広島を、エース小山が完封し、阪神は栄冠を手にしている。

ホームグラウンドの優勝決定戦であり、甲子園は大観衆にわいたと思われようか。よろこびに我をわすれた群衆が思いうかぶというむきも、おられよう。

しかし、当日の甲子園には、あまり観客がはいっていない。当時の映像を見るかぎり、外野席はガラガラである。新聞は二万人のファンが阪神の優勝をよろこんだと、つたえている。だが、そんなに人がはいっていたとは、とうてい思えない。優勝への御祝儀で、この数字は底上げされていると、私は判断する。

かりに二万人の観衆がいたとしても、広い甲子園では空席のほうがめだつことになる。じっさい、甲子園で開催される今の阪神戦は、いつでも四万人前後の観戦者を動員する。よほどのことがなければ、二万人以下にはならないだろう。

話を一九六二年の阪神にもどす。この年、ライバルともくされる読売ジャイアンツは、四位にとどまった。だが、甲子園でひらかれた阪神読売戦は、おおむね満員となっている。新聞報道を信じれば、いつも四万人以上の入場者をあつめていた。

優勝決定戦は空席だらけになるが、対読売戦は満席となる。おわかりだろうか。甲子園へ足をはこぶ野球好きに、阪神へ心をよせた者は、あまりいなかった。彼らの多くは、地元のタイガースより東京のジャイアンツを応援していたのである。

私の実感でも、一九六〇年代の甲子園は、たいてい閑古鳥《かんこどり》がないていた。対読売戦以外の試合に、観客がつめかけていたという印象は、まったくない。じっさい、ファンの数をくらべても、読売びいきのほうがずっと多かった。阪神ファンは、阪神地方にあってさえ、少数派でしかなかったはずである。

ならば、あの甲子園が、ほぼ毎日満員になる状態はどうしてできたのか。誰が阪神ファンを、あんなふうにそだてあげたのだろう。

いずれにせよ、今は関西圏でくらす野球好きの多くが、阪神を応援するようになっている。そのため、関西人、あるいは大阪人の人柄を阪神で象徴させる議論も、しばしば耳にする。たとえば、阪神タイガースのこういうところが大阪的なのだ、と。だが、そんな物言いも、一九六〇年代までの関西人、大阪人にはあてはまらない。これがもっともらしくひびくようになったのは、よほど時代が下ってからなのである。

時代をかえたサンテレビ

「巨人、大鵬、卵焼き」という言いまわしを、以前はよく耳にした。子供が好きなものを、三つそろえてならべた慣用表現である。小さい子は、たいてい卵焼きが好き。大相撲やプロ野球では、強い横綱大鵬や読売巨人軍を応援する。それが児童たちの常であると、この文句はつげていた。一九六〇年代の、はやり言葉でもある。

大鵬や読売ジャイアンツの人気は、よく優勝する、群をぬく力にねざしていただろう。だが、読売球団へのひろい支持は、テレビの放映によっても、ふくらまされていた。じじつ、一九六〇年代の民放は、読売戦以外の中継を、ほとんどしていない。テレビの画面で見るプロの試合は、ほぼ読売対どこそこという組み合わせにかぎられた。

ジャイアンツの試合ばかりが、受像機から流れてくる。そのせいで、ひところは、野球好きの半数以上が、このチームをひいきにした。大人も子供とかわらず、読売に声援をおくったものである。

大阪や神戸、そして阪神間においても、事情はかわらない。地元の阪神タイガースへ心をよせる者は、それほどいなかった。関西人であっても、野球愛好者の情熱は、おおむね読売にかたむいていたのである。

様子がかわりだしたのは、サンテレビが阪神戦の放映にふみきってからだろう。

一九六八年にもうけられた同局は、放映ソフトの獲得と拡充に苦慮していた。早朝から深夜までの放映をどうなりたたせるかに、なやんでいたのである。地元球団である阪神の、全試合完全中継へのりだしたのも、そのためにほかならない。阪神戦は、おおげさに言えば新設UHF局の巨大な埋め草として、浮上したのである。

当時は阪神球団がもとめた放映権料も、安かった。具体的な金額はわからないが、資金力のない地方局でも買いとれたのである。

それでも、阪神戦のテレビ放送がはじまったことは、あなどれない。読売戦しか流れない放送のあり方に、これで風穴があいた。視聴者は、その気になれば、阪神の闘いぶりを毎日見られるようになったのである。

最初はサンテレビの放映圏である兵庫県内にしか、その電波はとどかない。だが、やがては京都のKBSなど、他府県にあるUHF局との連携もはじまった。在阪各局も、阪神戦をとりあげるようになっていく。

その積み重ねが、関西人の野球観をかえたのである。読売びいきから阪神ファンへと。テレビが地域住民の感受性を左右する、その力はあらためて見直されるべきだろう。

東京キー局は、なぜ野球中継を見はなしたのか

今につづくプロ野球、職業野球のリーグ戦は、一九三六年にはじまった。その仕組みをととのえたのは、東京巨人軍をひきいた読売新聞である。プロ野球そのものも、読売新聞がてがける興行だと、当時はみなされた。読売以外の新聞は、だから試合の結果などをほとんどつたえていない。

戦後にプロ野球人気が高まってからは、やや様子がかわりだす。読売以外の新聞も、紙面をさくようになっていく。

とはいえ、他紙の報道も、人気の高いジャイアンツを中心にすえつづけた。テレビの時代になっても、読売グループの日本テレビが、このチームをもりたてている。他の地上波各局も、それに追随した。おかげで、ジャイアンツの人気は、ますます高まっている。

関西圏では、一九六九年に放送を開始したサンテレビが、事態をかえだした。同局がはじめた阪神戦の中継は、地元で阪神ファンをふやす、その起爆剤になっている。今では、

関西でくらす野球好きの多くが、阪神を応援していると、前にのべた。

しかし、こうした現象は、関西圏以外でもおこっている。中部地方や中国地方でも、中日ドラゴンズや広島カープが、ファンをふやしていった。

二〇世紀のおわりごろには、地方局が地元のチームを、いっせいにあとおしする。放映権料の高い読売ではなく、コストがかからない地元球団の試合の放映に、ふみきった。これにあおられ、地元にチームのある野球好きは、そちらへ心をよせるようになる。読売への気持ちは、払拭して。

野球に関するかぎり、各地の地方局が、地元の自立をうながしたのだとみなしうる。関西圏の阪神ファンも、この全国共通といってよい趨勢によって、おおきくふくらんだ。そこに、関西や大阪の固有性は、量的な面をべつにすれば、見られない。

この傾向は、全国的に読売のひいき筋をへらしている。かつては、読売対どこそこの中継を見たい読売ファンが、圧倒的な多数をしめていた。読売戦が全国ネットで高い視聴率を獲得したのは、そのためである。読売への一極集中こそが、野球放送を地上波の優良ソフトたらしめていた。

しかし、今は野球好きの想いが、各地の地方球団へ分散されている。もう、どの球団も、全国ネットで視聴者をひろくひきつけることは、できなくなった。

読売球団が自らの放映権料を、早い段階で下げておれば、事態はかわっていただろう。読売の対戦カードは、もう少しテレビの中で延命しえたかもしれない。しかし、球界の盟主を自負するジャイアンツに、安売りのふんぎりはつけられなかった。東京のキー局が、野球中継を見はなしたゆえんである。

「六甲おろし」はふかないのに

阪神タイガースの応援歌は、「六甲おろしに……」という唄い出しで、はじまる。しかし、シーズン中の甲子園球場に山風である「六甲おろし」は、あまりふかない。あそこでよく見られ、また感じるのは海からの風、いわゆる浜風である。あの歌詞が、甲子園でたたかう選手たちにふさわしいとは、思えない。

それに、六甲山系から阪神間へふきおろす風は、「六甲おろし」とよばれていなかった。いや、愛称とともに語られるような風では、もともとなかったと思う。大阪や京都では、生駒おろしや比叡《ひえい》おろしという呼び名が、以前から普及していたが。

作詞家の佐藤惣之助は、関東の人である。おそらく、西宮や阪神間の気候と地理には、あまりつうじていなかっただろう。筑波おろしに源氏の武者が、白旗をたなびかせる。地元関東の、そういう伝説的な光景を想いうかべつつ、あの詞をこしらえたのではないか。まあ、赤城おろしだったかもしれないのだけれども。

リズムとメロディーは、作曲家の古関裕而《ゆうじ》がまとめあげた。とりたててユニークな楽曲ではない。一九三五年の曲だが、いかにもあのころらしい音の進行でできている。言葉をかえれば、ありきたりの音楽だと言える。

曲ができてまもなくのことであった。同じく阪神間にある武庫川学院が、校歌をつくっている。その、とりわけイントロが、阪神タイガースの応援歌に、たいへんよく似ているという。毎年、入学式のたびに、この校歌は新入生たちの笑いをさそうらしい。なんで、うちの学校、『六甲おろし』なのという反応があると聞く。

武庫川学院の校歌は後出来《あとでき》の曲だが、しかし阪神の応援歌をまねたわけではないだろう。だいいち、当時は職業野球球団の応援歌など、ほとんど世間に知られていなかった。阪神の場合も、その点はかわらない。模倣をされるような曲では、とうていなかったろう。

ようするに、失礼な話だが、どちらも凡庸だったのだと言うしかない。二曲とも、同時代の共通様式へよりかかっていたために、似かよってしまったのである。

そのていどの曲でしかない阪神の応援歌は、しかし時代をこえて生きのびた。今では、多くの関西人に知れわたっている。あれは大阪の国歌だという野球好きも、いなくはない。いったい、これはどういうことなのか。いつ、なぜ、あの曲はそういう存在へと、なりおおせたのだろう。

つづいて、ラジオから

私は一九六〇年代のなかばごろから、阪神タイガースを応援するようになった。だが、そのころに、球団の応援歌を聞いた記憶はない。甲子園球場でも、あんな曲は流していなかったと思う。

阪神球団じたいは、戦前に大阪タイガースとして発足した。だから、応援歌の歌詞も、「オオサカ」という響きによりそい、つくられている。十七小節目からのことだが、もともとはこうなっていた。「オウ　オウ　オウ　オウ　大阪タイガース」、と。「オ」の音がつらなるように、言葉をならべていたのである。

だが、一九六一年には、球団の正式名が阪神タイガースへかえられた。同時に、十七小節目以後も、「オウ　オウ　オウ　オウ　阪神タイガース」となっている。この変更を子供の私は知らなかったし、大人のファンも気づいていなかった。そもそも、曲の存在じたいが、認識されてはいなかったのである。

様子がちがってきたのは、一九七一年から。この年、大阪朝日放送は、ラジオで「おはようパーソナリティ」をはじめている。アナウンサーである中村鋭一の、その人柄を前面におしだした番組である。

当時のラジオに、かつての活気はなくなっていた。テレビの時代をむかえ、低迷を余儀なくされている。局面打開をはかった「おはようパーソナリティ」は、放送界の常識に挑戦した。公平、中立というたてまえを、かなぐりすてている。キャスターの独断と偏見を、売りものとするようになったのである。

そして、抜擢された中村は、たまたま阪神に心をよせていた。番組は、この個性にとびついている。準キー局のアナウンサーが、特定球団に声援をおくりだしたのである。

サンテレビが、一九六九年から阪神戦の中継にふみきったことは、前にのべた。いっぽう、準キー局では、ラジオから阪神よりの姿勢が強化されだしている。開局したばかりの地方局とジリ貧気味のラジオが、阪神へ傾斜した。タイガースをあとおしする仕掛けは、立場の弱いメディアからはじまったのである。

そう言えば、「大阪のおばちゃん」像も、テレビ大阪の企画から普及した。あのステレオタイプも、大阪では後発のローカル局が流布させていたのである。弱者のなりふりかまわぬ発案は、しばしば世の常識をかえてしまうものらしい。

いずれにせよ、中村は阪神にかたよった放送をやりだした。タイガースが勝った翌日は、毎朝応援歌をうたうという振舞にも、およんでいる。あの応援歌を、勝手に『六甲おろし』と名付けつつ。そして、中村によるこの私的な命名とともに、曲は関西全域へひろがった。やはり、人びとの情操におよぼす放送の力は、あなどれない。

「伝統の一戦」とよばれたのは

「伝統の一戦」という言いまわしが、プロ野球の世界にはある。阪神対読売戦のことを、ながらくそうよびならわしてきた。

今日につづく職業野球で、はじめて球団をもったのは読売新聞である。東京巨人軍をもうけたのが、そのさきがけとなる（一九三四年）。二番手は、阪神電鉄のつくった大阪タイガースであった（一九三五年）。

戦前に優勝をしたことがあるのは、東京巨人軍と大阪タイガースだけである。両者の対戦をあつくふりかえる野球好きも、戦前生まれのなかには、けっこういる。「伝統の一戦」が的はずれな呼称だとは、言えない。

しかし、戦前期の東京巨人軍対大阪タイガース戦には、あまり観客がこなかった。甲子園球場の試合にも、多くて二、三千人ほどしかあつまっていない。

そもそも戦前の職業野球は、それほど集客力をもちあわせていなかった。いたってさみしい催しだったのである。野球好きの関心は、もっぱら神宮球場でおこなわれる東京六大学に、むかっていた。なかでも、早稲田対慶應のいわゆる早慶戦に。

ただ、関西圏では、例外的に大阪タイガースと阪急の試合が、人気をよんでいた。親会社が同じ阪神間をむすぶ電鉄として、たがいにはりあっている。そんな対抗関係もあり、タイガースは対阪急戦に情熱をかたむけた。もちろん、阪急もタイガースを、最大のライバルだとみなしている。二リーグにわかれる前は、タイガース対阪急戦も「伝統の一戦」とよばれていたのである。

中京圏でも、事情はかわらない。こちらでは、部数をきそいあう地元の名古屋新聞と新愛知新聞が、球団をもった。そして、両新聞社がたがいの面目をかけた試合に、人びとはむらがったのである。金鯱《きんこ》軍と名古屋軍の一戦に。

くりかえすが、戦前期にいちばん人気が高かったのは、六大学の早慶戦である。戦前期の職業野球は、これにあやかる形ではじめられた。同じ地域でライバルどうしとなっている会社に、チームをつくらせる。そうして地域住民の関心をあおることが、当初はもくろまれたのである。

今、関西圏の阪神ファンは、対読売戦に反中央感情を、たかぶらせていよう。阪神球団に、アンチ東京という心意気を投影しているかもしれない。しかし、それは戦後の、けっこう新しい現象である。以前は、地元の阪急にこそ、敵愾心《てきがいしん》をむけていたのである。

「反読売」は、南海から

かつて、南海軍、南海ホークスという球団があった。南海電鉄にささえられたチームである。今は福岡へ拠点をうつし、ソフトバンクホークスになっている。

戦前の職業野球時代には、それほどめだった成績をのこせていない。だが、敗戦後のプロ野球復興期には、力強く生まれかわっている。一九四六年と一九四八年に優勝し、大阪や和歌山の野球好きを、よろこばせた。

強さの秘訣は、なんといっても別所という大投手を擁したところにあったろう。だが、このエースを、一九四九年に読売ジャイアンツはひきぬいている。そして、戦後初のペナント奪取に成功した。読売は南海からうばった看板選手の力もかりて、優勝したのである。

これで、南海のひいき筋は、読売にたいする反感をつのらせた。アンチ・ジャイアンツという心意気を、そして東京への敵愾心をたかぶらせている。

大阪人が野球にこういう気持ちをいだいたのは、この時が最初であったろう。今は、阪神タイガースが、読売なにするものぞという感情を、かきたてていると思う。しかし、それをはじめて関西人のあいだに喚起したのは、南海である。

一九四九年末には、プロ野球がセ・リーグとパ・リーグの二リーグへ分裂した。パ・リーグへうつった南海が、リーグ戦で読売と対戦する機会はなくなっている。しかし、南海と読売は、しばしばそれぞれのリーグを制覇し、日本シリーズでむきあった。アンチ・ジャイアンツという想いは、あいかわらず南海に投影されつづけたのである。

戦前の職業野球は読売新聞が中心となり、運営されてきた。広報活動も読売が、ほぼ一手にひきうけている。そこへ、戦後になって、毎日新聞が参入をこころみる。とうぜん、読売とはそりがあわず、けっきょくプロ野球は、二つのリーグにわけられた。従前どおり読売が中心にいすわるセ・リーグと、新しく毎日がひきいるパ・リーグに。これが分裂劇の真相である。

当初、パ・リーグへうつると期待された阪神は、読売のセ・リーグにとどまっている。別阪神にうらぎられたと感じた毎日は、自分の新チームに、阪神のスターをひきぬいた。別当や土井垣らだが、彼らは毎日オリオンズにむかえられている。このため、多くの阪神ファンは、まず毎日新聞をにくむようになる。読売ではなく毎日を。この球団が、反読売という感情で輿望《よぼう》をにないだすのは、もう少し後になってからである。

南海から阪神へ

一九五九年のことであった。秋の日本シリーズで、大阪の南海ホークスは、読売ジャイアンツに勝っている。しかも、四勝無敗という圧勝であった。

それまでの南海は、日本一をきめるこの大舞台で、読売に負けつづけている。エースの別所をひきぬいたジャイアンツに、苦杯をなめさせられてきた。それが、この年はじめて、新しいエース・杉浦の活躍もあり、読売を圧倒したのである。

にっくきジャイアンツを、ようやくうちはたせた。その勝利をいわうべく、南海球団は御堂筋で凱旋行進を挙行する。おかげで、自分たちは泉岳寺へむかう赤穂浪士のような気分が、あじわえた。パレードへつどう群衆に歓呼でむかえられた杉浦は、自伝でそう書いている（『僕の愛した野球』一九九五年）。

南海ファンが、幸福感にみたされた一瞬ではあったろう。だが、この復讐劇で、彼らの読売にたいする怨念は、はらされた。アンチ・ジャイアンツという感情を、南海が以前のようにあおることも、なくなっていく。

その同じ一九五九年に、阪神タイガースは、対読売戦で屈辱をあじわった。六月二十五日のいわゆる天覧試合で、敗北を喫している。最終回に村山が、長嶋からサヨナラ・ホームランをうたれるという劇的な展開で。

だが、阪神の村山はこれを誤審だと言いきった。あれはファウルだったと、生涯言いつづけることになる。そして、村山シンパのなかには、事態をこうとらえるむきもいた。長嶋の一打は、警備上の都合でホームランになったんじゃあないか、と。

陛下には、予定どおり九回で、皇居へおもどりいただく。たとえ延長戦になっても、この方針はかえられない。だが、試合途中の退席は、観客にいい印象をあたえないだろう。できれば、延長戦へ突入するのは、さけてほしい。試合を終わらせられそうな出来事がおこれば、そこで決着をつけられないか。そう因果をふくめられたアンパイアが、本塁打を捏造した……。

それが事の真相だと言いたいわけではない。ただ、今のべたような臆測も、一部では語られるようになる。村山と阪神は、天皇制の前に敗北を余儀なくされたのだ、と。

天覧試合で、読売の対戦相手が阪神になったのは、ぐうぜんである。対中日戦や対大洋(現DeNA)戦の可能性もあった。ただ、それらは、たとえば皇室外交などの日程的な都合で、キャンセルされている。

いずれにせよ、阪神はこのころから、南海にかわって浮上しはじめた。反読売という立場を、南海からうばいとっていくのである。

沢村伝説再考

プロ野球の世界では、毎年いちばん活躍した投手に、沢村賞という賞がおくられる。戦前の東京ジャイアンツで、エースとしてかがやいた沢村栄治を記念する賞である。

その沢村が、さきの戦争で亡くなったことは、よく知られていよう。三度目の召集で南方の戦地へ船でおくられたおりに、魚雷攻撃をうけ海の藻屑となった。沢村賞は、そういう不幸な大投手を追悼するための賞でもある。

そして、この賞は東京ジャイアンツの悲劇をふりかえる役目も、はたしてきた。読売巨人軍は、あの戦争で偉大な投手をうしなったという話も、しばしば語られる。読売もまた、戦争の被害をこうむったんだというように。

しかし、三度目の兵役をむかえる前ごろから、沢村は、全盛期の力をなくしていた。その力量に見切りをつけた東京ジャイアンツは、解雇へふみきっている。戦力外通告を、つきつけた。ジャイアンツが軍に沢村をうばわれたというような語り方は、正しくない。同球団は、軍からとられる前に、おとろえたかつてのエースを、すてたのである。

馘首《かくしゅ》をつげられた沢村は、知友も多い大阪へ居をうつしている。まだ野球に未練もあり、南海球団で選手生活をつづけようとした。なじみもある土地で、野球にかかわれる途を、さぐっている。

最終的に、南海との契約がなりたったのかどうかは、よくわからない。だが、晩年の沢村が心をよせたのは、南海である。軍に沢村をとりあげられた球団としては、まず南海のことを考えたい。

にもかかわらず、沢村栄治の物語を南海とともに語る人は、ほとんどいないだろう。それは、もっぱらジャイアンツの、読売球団の悲話として流布されている。南海とのかかわりは、すっかりわすれさられていると言うしかない。

ジャイアンツの沢村が戦死したという歴史語りは、読売系のメディアで反復されてきた。読売新聞や日本テレビがささえてきた、一種の神話にほかならない。言葉をかえれば、このグループには歴史をつくる力がある。いっぽう、南海電鉄やその関連会社には、そういう力がないのだと痛感する。

本書の元原稿となった連載を、私は産経新聞に書いている（「井上章一の大阪まみれ」）。だが、今回の沢村に関しては、読売新聞で発表したかったという想いも、なくはない。掲載がゆるされたかどうかは、わからないのだが。

長いものにはまかれろ

前にもふれたが、パ・リーグ設立のきっかけは、毎日新聞がもたらした。同紙は読売新聞とはりあう形で、プロ野球に参入する。そのけっか、読売のひきいるセ・リーグとはちがう、別リーグの成立をうながした。

しかし、この新リーグは、しばらく人気がでなかった。観客動員数では、セ・リーグに遠くおよばない状態がつづいている。けっきょく、毎日新聞はプロ野球の運営に、見切りをつけた。オリオンズという自前の球団を売却し、パ・リーグからも身をひいている。経営的には失敗をしたのだと、言いきれる。そのせいだろう。毎日新聞の社史は、オリオンズやパ・リーグの話に、ほとんど言及していない。社運をかけた事業だったと思うが、ふれたくない黒歴史にもなっている。春の選抜高校野球は、くわしく紹介するくせに。

さて、設立時のパ・リーグを見ていると、いやおうなく気づかされることがある。所属球団に、多くの電鉄会社が顔をならべている点である。東急、近鉄、阪急、南海、西鉄という私鉄が、そこにはくわわっていた。電鉄リーグといった趣も、見てとれる。

だが、阪神だけはそこに入っていない。タイガースは、読売がひきいるリーグにのこる途を、えらんでいる。他の電鉄とはちがい、毎日からのさそいにはのらなかったのである。

当初は、阪急や南海とともに、新リーグへうつるそぶりも見せていた。だが、けっきょくはふみとどまる。新規参入の毎日についていって、だいじょうぶなのか。これまでどおり、読売とともに歩んだほうが、無難にすごせるだろう。そんな用心深い経営判断が、最終的には優先されたのである。

周知のように、阪神は近鉄や阪急ほど大きくない。くらべれば、こぢんまりした電鉄である。他の大会社のように新天地へとびこまず、安全策をこころがけた。それも、小さな会社ゆえの保身術であったろう。

そして、阪神の選択は、まちがっていなかった。この時、新しい世界に希望をいだいた電鉄会社は、みな球団の経営をあきらめている。読売のセ・リーグにのこった阪神だけが球団を維持し、我が世の春を謳歌した。よらば大樹の陰、長いものにはまかれろ……。阪神はそんなみみっちい人生訓を、地でいくような球団なのである。

この阪神に、大阪や関西の野球好きは、アンチ・ジャイアンツを夢見ている。読売からはなれずお供をしてきた球団に、私もふくめ打倒読売という想いをたくしてきた。私にはそのことが、せつなくてならない。

アンチ巨人の裏側は

ここまで、ながながとプロ野球、そして阪神タイガースの話をつづけてきた。このテーマで大阪や関西を語るのは、しばらくひかえたい。今回で幕切れということにしておこう。まあ、根は好きだから、またどこかでむしかえすかもしれないが。

あれは、一九九〇年代のはじめごろであったと思う。プロ野球のリーグ制を、根本的にあらためようという声が、野球界の一角で浮上した。読売球団と西武球団が、新しいリーグを発足させる。ジャイアンツとライオンズを軸にして、新リーグができあがる。そんな計画で、スポーツジャーナリズムがにぎわったことをおぼえている。

私は、二〇世紀のおわりごろに、一度だけ読売新聞の渡邉恒雄氏と、会ったことがある。同紙の主筆で、ジャイアンツをひきいてもきた渡邉氏に、取材の機会をあたえられた。

そのおりに、私はさきほどふれた新リーグ構想のことを、たずねている。あの時、渡邉さんと西武の堤さんは、ぶちあげられましたよね。今のセ・リーグやパ・リーグとはちがう、新しい組織をつくるって。他の球団は、このもくろみにどう対応したんですか。たとえば、阪神なんかは、どんなふうにふるまっていたんでしょう、と。

もっと他に、聞くべきことがあったのではないかと、今ふりかえって反省する。しかし、当時の私はもっぱら野球のことを、問うていた。ひょっとしたら、渡邉氏もその点では、あきれていたかもしれない。

新しいリーグのかけ声にたいしては、他球団のオーナーたちも、興味をよせていたという。いくつかの球団からは、その新リーグに参加したいという希望もよせられた。その旨を、電話で渡邉氏につたえてきたオーナーも、少なからずいたらしい。

だけどね、阪神だけはちがったんだよと、渡邉氏は言う。当時の久万《くま》オーナーは東京の読売本社へ、大阪から直に足をはこんでいた。渡邉主筆の部屋をたずね、深々と頭をさげている。ぜひ、その新しいリーグに、阪神タイガースも入れていただきたい、と。いやあ、久万さんは、よくできた方だと思ったね。他のオーナーたちは電話ですませているのに、御老体をおしてここまでこられたんだから。

この想い出話に、阪神ファンの私は絶句する。阪神は、他球団をこえる水準で、読売の御機嫌をうかがってきた。読売のコバンザメだったのだと、思い知ったしだいである。

第三章　エロい街だとはやされて

関東の男が大阪弁をつかう時

テレビのいわゆるバラエティー番組が、関西出のタレントをよくとりあげるせいだろう。首都圏の放送からも、大阪弁は日常的に聞こえてくる。東京の視聴者にとっても、それは耳になじみのある言いまわしとなっている。

いや、それどころではない。関東そだちなのに、ときおり大阪風の表現を、わざと自分の会話にはさみこむ人もいる。大阪人らしい振舞でたわむれている東京者を、彼地《かのち》で見かけることもある。

大阪的な価値観が、首都圏でもうけいれられているからだとは、しかし思えない。関東の人たちが口にする擬似大阪弁を聞いていると、むしろ逆の印象をいだかされる。彼らは、大阪をみくびっている。少なくともうやまってはいない、と。

たとえば、金銭がらみのせちがらい話をする時に、大阪風をよそおう関東者がいる。「みみっちい話になってしまうんやけど……」と言いつつ、節税の話をきりだす。買い物などでねぎるさいには、「すんまへんけど」と腰を低くする。大阪弁もどきのそういう利用法に、私は関東で何度かでくわした。

自分のけちくさいところを、表へだす時だけ、大阪風の偽装をこころみる。大阪というつわりの仮面をかぶることで、ようやく銭金にいやらしい自分がさらけだせる。そういう関東者の大阪演技に、大阪への敬意はうかがえない。

いや、今のべたようなことは、大阪弁の借用法として、まだましなほうである。じっさい、大阪には銭勘定の合理性をたっとぶ文化がある。その口調が首都圏で、計算高さをしめす記号になったとしても、やむをえまい。

私は北海道の某遊園地で、大阪からきた修学旅行の女子中学生に遭遇したことがある。数人のグループで、みな口ぐちに乗物の料金をねぎっていた。まけてえな、と。あとで、私は運転手から聞かされた。ああいうことを、おおっぴらに言いたてるのは、大阪の生徒だけである、と。

大阪そだちには、やはりそういう部分がじっさいにあるのかもしれない。他郷の人びとが、欲得ずくの振舞を大阪風のカムフラージュにつつみたがる。それもやむをえないことなのかな、とは思う。まあ、大阪人の強欲という印象にも、メディアで増幅されている部分はあるだろうが。

不可解なのは、擬似大阪弁で猥談をはじめる関東の男たちである。会話が助平な方向へ流れだすと、反射的に大阪風の語りをもちだしてしまう。「このあいだ、ええ話があったんや」などと言いつつ、狒狒《ひひ》おやじぶりを発揮する。そういう手合いとも、私はままであうが、いったいこれはどういうことなのか。

基本的には、話手《はなして》のプライドをまもろうとしているのだろう。今、自分はみだらな話に興じているが、しゃべっているのはほんとうの自分じゃない。大阪風によそおわれた、かりそめの自分であるというふうに。

ならば、それはなぜ大阪風でなければならなかったのか。どうやら、大阪を好色な街とする通念の、その起源をさぐらねばならないようである。

名古屋美人の時代

名古屋美人という言葉を、ごぞんじだろうか。こうきりだすと、たいていの読者は、いぶかしく思われよう。そんなの初耳だ。秋田美人や新潟美人ならともかく、名古屋なんて聞いたことがない、と。

ざんねんながら、名古屋が美人の産地として取り沙汰されることは、今日ほとんどない。だが、明治大正期の名古屋は、その点に関するかぎり、圧倒的な名声をほこっていた。当時の新聞雑誌は、しばしば名古屋美人を、声高に論じている。評判の高さでは、秋田や新潟などをはるかに凌駕《りょうが》していたのである。

のみならず、東京新橋の花街は、名古屋の出だという芸妓《げいぎ》を、おおぜいおいていた。うちには名古屋の美妓が何人いると、置屋はたがいにはりあってもいたのである。新橋につどう芸妓のあいだでは、尾張言葉が一種の共通語にさえなっていた。

置屋どうしが、こんな陰口をきくこともあったという。某店が名古屋娘だと言っている芸妓は、岐阜の出だ。べつの某店は、桑名そだちの娘を、名古屋出身だと言いくるめている。だが、うちの芸妓こそは正真正銘の……。

明治期の権力中枢を、西南諸藩の男たちが牛耳ったことは、よく知られていよう。そして、薩摩や長州などから上京した彼らを、江戸っ児たちは、田舎者だとあなどっている。旧幕時代以来の伝統的な花街である柳橋も、彼らをみくびった。

だが、西南日本からやってきた新時代の権勢家たちも、芸妓とたわむれたい。そんな男たちの要望にこたえたのは、明治期に勢いをつけた新しい花街、新橋であった。由緒ある柳橋がつめたくあしらった明治の出世組を、新橋はあたたかくむかえたのである。

とはいえ、明治早々のころに、新橋が多数の芸妓をかかえていたわけではない。新興の、まだ小さいこの花街に、その準備はできていなかった。そのため、新橋は尾張徳川侯の時代に芸所《げいどころ》とされた名古屋へ、芸妓の供給をたよりだす。維新で花柳界がさびれ、芸妓のあまった名古屋から、女たちをひきぬいた。

こうして名古屋は、東京新橋へ芸妓をおくりこむ、その後背地めいた地域になっていく。名古屋が明治期から、美人の産地としてもてはやされたのは、そのためである。新聞や雑誌を発行する当時のメディアは、たいてい新橋やその近辺に拠点をおいていた。そういう地理的な背景も、美人ぞろいという名古屋像をあおることにつながっただろう。

新橋にあつめられた名古屋芸妓は、お高くとまった柳橋芸妓より、サーヴィスがいい。性的な方面でも、しばしば注文に応じてくれる。そんな裏情報とともに、名古屋じたいが助平な街なんだという評判も、高まった。

そして、この時代、大阪はまだ好色都市として、それほど強く印象づけられていない。その方面で、大阪が名古屋を上まわり、浮上していくのは、もっと後になってからである。

大阪エロの洪水

現代の日本は、生活や趣味の西洋化がいちじるしい。たとえば、我われは、もう三味線の地唄や長唄が、なかなかたのしめなくなっている。日本舞踊のあじわいも、わからなくなってきた。西洋音楽のリズムやハーモニーには、けっこうついていけるのに。

畳のくらしも、若い世代にはなじみにくいようである。フローリングのほうが、彼らはらくにすごせるらしい。じっさい、このごろの新築マンションには、畳の部屋がないところも多いと聞く。

西洋化へむかう、こういう勢いには、一九二〇年代の都会地で、弾みがつきだした。それは、いわゆる風俗営業の展開を見ていても、よくわかる。男たちは、このころから、ジャズとダンスで遊べるカフェーやホールへむらがった。三味線と日本舞踊でもてなす畳の宴席へは、しだいに足をむけなくなっている。

首都東京でも、芸妓と遊ぶ新橋は、古くさいとみなされるようになる。かわって、男をそそりだしたのは、銀座あたりのカフェーと女給であった。今で言うナイトクラブとホステスのさきがけにあたる形が、脚光をあびはじめる。

名古屋美人の評判は、前にものべたとおり、明治以降の新橋花街がささえてきた。好色都市という名古屋への先入観も、新橋経由でひろがっている。だが、その新橋は、一九二〇年代に歓楽郷としての輝きを、失いだす。美貌と色香でもてはやされた名古屋の世評も、その趨勢にともないおとろえた。

かわって浮上したのが、女給をそろえた銀座のカフェーである。時期的には、大阪が経済面で躍進し、さまざまな指標で東京をぬきだしたころであった。その盛り上がりにも、背中をおされたのだろう。この時、大阪のさまざまな産業が、東京への進出をはたしている。たとえば、カフェーをいとなむ風俗産業も。

その様子を、美術史家の安藤更生が『銀座細見』(一九三一年)に、書きとめている。

「銀座は今や大阪カフェ、大阪娘、大阪エロの洪水である。大阪カフェの特色はまず第一にエロだ……この点ではまったく東京娘は敵《かな》わない」

大阪からやってきたカフェーは、性的なサーヴィスで東京の同業者をだしぬいたという。こうして、大阪は「エロ」方面での名声を、名古屋にかわって勝ちとった。花街の芸妓でなく、カフェーの女給をにない手として。

いずれにせよ、「大阪エロの洪水」を東京の男も、よろこんでうけいれた。「エロ」いのは東京も同じだと思うが、どうだろう。

日本一のストリップ

舞台で女性が裸体をさらすストリップショーは、戦後の東京ではじまった。油絵の裸体画を手本とした、いわゆる額縁ショーが、嚆矢《こうし》となる。その出現は、暗い軍国時代からの解放をしめす、戦後史ではおなじみの話題となってきた。

事情通の読者なら、さらにこんなうんちくを聞かせてくれるかもしれない。それは、一九四七年一月十五日に、東京・新宿の帝都座ではじまった。最初の演目は、「ヴィーナスの誕生」である、等々と。

以後、ストリップの催しは、全国へひろがった。大阪にも、すぐつたえられている。ただ、そのはじまりにおいて、大阪が東京におくれをとったことは、いなめない。

とはいえ、大阪へ伝播したストリップは、独自の変化をとげるようになる。東京ではおがめないようなステージを、展開しはじめた。ありていに言えば、より露出度の高いショーを、くりひろげだしたのである。

その詳細をここへ書きつらねるのは、さすがに気がひける。往時の雑誌から見出しをいくつかひろっておくので、そこからおしはかってほしい。

「これぞストリップの精華　日本一凄いと言われる大阪ストリップ劇場」（『漫画読本』一九六二年新春特別号）

「ウルトラHでハッスル大阪ストリップ商法」(『週刊新潮』一九七二年十一月十一日号)
「ヌード劇場(大阪)でついにやった噂の〝本番〟」(『週刊大衆』一九七三年二月八日号)
大阪のストリッパーは、ここまで見せる。ついに、こんなことさえやってのけた。一九六〇、七〇年代のマスコミが、そんな評判でわきたっていた様子を、読みとれよう。
仕事で大阪をおとずれたビジネスマンは、だからしばしばストリップを見物した。接待で、「日本一凄い……大阪ストリップ」へ案内されたお得意様も、いただろう。大阪とは直接縁のない移動興行が、大阪流のストリップを標榜することもあったらしい。大阪の名は、それだけ客あつめに役だったのだという。
今は、ヴィデオをはじめとする映像世界のエロスが、さかんになっている。ストリップの実演などは、下火になってきた。だが、その全盛期に大阪の名がとどろいたことは、あなどれない。世の大阪像を好色方面でふくらませることに、大きく貢献したと考える。

「ノーパン喫茶」の一号店

あれは、たしか一九七〇年代のおわりごろであったと思う。京都の西賀茂にできた「ジャーニー」という喫茶店の噂が、多くの男たちをわきたたせた。聞けば、同店のウェイトレスは、異常に短いスカートをはいているらしい。しかも、スカートの下はパンストだけで、パンツをはいていないという。

嘘だろうと、私はこの評判を、頭からはねつけた。だが、だまされたつもりで見にいけとけしかけられ、その実在を自分の目でたしかめる。その後、一世を風靡《ふうび》することとなる、いわゆるノーパン喫茶の、これが第一号店である。

まだ学生だった私たちは、その店をパンスト喫茶とよんでいた。パンストしか身につけていないため、そう名付けられたのだという。そして、この名称は、私たちの仲間うちをこえ、京都中に流布していた。今回、大宅壮一文庫の目録で、こんな雑誌記事を見つけ、その普及ぶりをたしかめている。

「京都の学生はんに大評判の〝パンスト喫茶〟　賀茂川のほとりは、いま六〇〇円の春がさかりどす」（『プレイボーイ』一九八〇年四月十五日号）

六百円は、コーヒー一杯の値段。私がでかけた時は、一九七九年の春だが、二百五十円であった。鑑賞料が一年で倍以上に急騰したことを、読みとれる。

なお、大宅文庫の目録は、これ以前にノーパン喫茶があったことを、つたえていない。「賀茂川のほとり」が、こういった営業の走りであったことは、うたがえないだろう。ついでに書くが、「ジャーニー」出現後に、京都の西郊にも類似店があらわれた。衣笠の「モンローウォーク」がそれである。

大阪の「あべのスキャンダル」が、ノーパンで話題をよびだしたのは、もっとあと。私は当時の生き証人として、京都のほうが大阪よりはやかったと、言いきれる。

多くの人は、なんとなくノーパン喫茶を、大阪発の営業だとうけとめてきた。そうした風俗史の記述も、少なくない。どうせ、ああいう助平商売は大阪からということか。この偏見をしりぞけたくて、私ははずかしい想い出話に、力瘤《ちからこぶ》をいれている。

まあ、西賀茂のあたりを、洛中の京都人は京都だとみなさないかもしれない。あんなん、上賀茂神社より、まだ奥のほうやろ、と。しかし、洛中の男たちも、けっこう「ジャーニー」にはかよっていた。私は京都発でいいと思っている。

さて、一九八五年には、新しい風営法が施行された。これで、たいていのノーパン喫茶は、店をたたむことになる。だが、その後も大阪の「あべのスキャンダル」は、しぶとく店を堅持した。新手の企画を、つぎつぎにうちだし、マスコミの関心をあおりつづけている。パイオニアだと誤解をされたのも、そのせいか。

「乳の屋」「オイドナルド」……

一九八五年の新しい風営法で、ノーパン喫茶の大半は閉店したと、前に書いた。

しかし、これも考えてみれば、おかしな話である。ノーパン喫茶は、ウェイトレスの衣裳こそ異様であった。だが、やっていることは、店内を見るかぎりただの給仕である。客とふれあい、たわむれる風俗営業とはちがう。風営法のしばりが厳しくなっても、うろたえる必要はなかったはずである。

とはいえ、想像で書くが、多くのノーパン喫茶は、事実上の風俗営業もかねていただろう。ウェイトレスと客が個別に性的な交渉をする。その余地も、暗々裡《あんあんり》にのこしていたと思う。食品衛生法のさだめる飲食店業とは言いきれぬ一面が、あったにちがいない。

そのため、新しい風営法は、それらのノーパン店を風俗営業に類別した。そして、そう分類された店側は、もう喫茶店という外見をとりつくろわなくなる。どうせ風俗営業だとみなされるのなら、喫茶店のふりをするコストがもったいない。そんな思惑もあって、業態をかえるふんぎりがついたのだろう。

さて、大阪の「あべのスキャンダル」である。ここは、八五年の改正風営法にも、ひるまない。その後も、しばらくノーパン喫茶の営業を維持している。

それは、この店が、あくまでも飲食店でありつづけようとしたことを物語る。うちは、女の子と客の、こそこそした取引をみとめない。そんな姿勢を、くずさなかったのである。だからこそ、この店は新しい企画を、つねにうちだした。従業員女性との濃厚な遭遇がのぞめぬ店に、好色客はすぐあきる。やがては、店にもよりつかなくなるだろう。その遠ざかりがちな客足を、新しいよそおいでつなぎとめようとしたのである。

お尻をだしたウェイトレスがハンバーガーをはこぶ、「オイドナルド」。トップレスの給仕が牛丼をだす、「乳《ちち》の屋」。「あべのスキャンダル」は、たとえば以上のようなアイデアに、うってでた。それらは、風俗店ほど助平になれない飲食店がくりだした、苦肉の策だと言うしかない。

ただ、つぎつぎにあらわれた新機軸は、週刊誌などの誌面をにぎわした。好色な街という大阪像を補強することにも、いくらかは貢献しただろう。実質的には、そう助平な店でもなかったのに。

助平なアイデアは東京発

こりずに、ノーパン喫茶の話をつづける。大阪の「あべのスキャンダル」は、一九八〇年代後半から、数多くの企画を世に問うた。そして、それらは、けっこう全国区の週刊誌にとりあげられている。その報道ぶりがわかる見出しを、いくつかひろいだしておこう。

「またまた出ましたッ『大阪名物』の効能は……『あべのスキャンダル』」（『FRIDAY』一九八五年十一月八日号）

「エロス発信地〈あべのスキャンダル〉のブレーンが語るコミカルへの飽くなき挑戦」（『平凡パンチ』一九八八年九月二十三日号）

「大阪〝トップレス料理店〟開店の巻……『あべのスキャンダル』」（『FOCUS』一九八八年十一月二十五日号）

同店は、エロスの「発信地」であるという。「大阪」、あるいは「大阪名物」の営業として、つたえられていた。そのブレーンじしんが、「飽くなき挑戦」者として、登場してもいる。東京のメディアが、大阪の好色ぶりに興じていたことを、読みとれよう。

今引用した週刊誌のある記者と、私は言葉をかわしたことがある。「あべのスキャンダル」の記事とも、かかわった記者である。誌名はさしさわりがあり、と言っても今あげた三誌のひとつだが、公表をひかえたい。

「『あべのスキャンダル』って、エッチなアイデアをいっぱいうちだしていたでしょう。

でも、そのすべてを、あの店がひねりだしたわけではありません。うちの編集部も着想については、けっこう助け舟をだしました。こんな企画で新装開店にふみきるんなら、うちの誌面でとりあげるけど、どう？　やってみない、なんて言ってね」

メディアがおもしろがって、「大阪」発を強調した。「大阪」の好き者が、またこういういやらしい仕掛けに、はしっている。そう東京の週刊誌がつたえた企画のなかには、東京側の思い付きもまじっていたのである。

新しい展開への自転車操業を余儀なくされた店は、創意工夫にうえていた。東京の編集部がもちかけてきた話に、とびつくこともあったろう。それこそ、藁《わら》へもすがるように。

だが、いずれにせよ、助平なアイデアのいくつかは、東京がひねりだしていた。それを、メディアは、「大阪」の好色魂が生みだしたかのように、つたえている。助平な発案では、どちらも共犯者だったのに。

こういう話題は、やはり大阪を舞台としたほうが、読者によろこばれますから。くだんの記者は、そうも私につげていた。

「好色日本一」という虚像

大阪はエロい都市だと思われすぎている。助平なところもないとは言わないが、不当におとしめられている部分だって、なくはない。そんな想いをこめつつ、私はこれを書いている。またまわりの人びとにもそう語ってきた。

在阪放送局の某テレビマンにも、聞いてもらったことがある。そして、私の話をおもしろくうけとめた彼は、これを自分の番組作りにとりいれた。大阪は、ほんとうのところ、どのくらいいやらしいと思われているのか。それを、街頭取材でたしかめようということになったのである。

大きな板に、札幌から福岡までの十大都市名を書きこみ、路上へもちだす。往来をいきかう人びとに、これら諸都市の名を見てもらったうえで、たずねる。あなたが、ここに書かれた街のなかで、いちばん助平だと感じるところはどこですか、と。

東京でおこなわれたロケを見ていると、通行人の約半数は大阪をあげている。他の場所でも、大阪をさす人は少なくない。やはり、好色方面では大阪の評判がぬきんでているのかと、かみしめる。

くだんの番組は、最後に大阪でおさめられた街頭ロケの様子を、うつしだした。これを見て考えこまされたのだが、なんと七割近くの人が大阪だとこたえている。

なかには、ノーパン喫茶だって大阪からはじまったんだからと言っている人もいた。ちがう、大阪じゃあない、あれをやりだしたのは京都だ。見ている私はそう言いかえしたくなるが、こんな想いも画面の発言者にはとどかない。番組を見ていて、うっぷんばかりがたまったことを、おぼえている。

それにしても、どうして大阪の人びとは、好色日本一という虚像をうけいれるのか。大阪がいちばん助平だと自他ともにみとめて、平気でいられるのはなぜだろう。ひょっとしたら、こんなことでも、一等賞になるのはうれしいのか。エロ方面やったら、東京にかて負けへんで、と。

あとひとつ、考えられることがある。路上の大阪人は、長年の街頭取材をつうじ、テレビへの応対に馴らされてきた。だから、都市名のならぶボードを見た瞬間に、早のみこみをしてしまったかもしれない。

どうせ、大阪を助平やと言いながら、スタジオではしゃぐ番組やろ。御期待どおり、大阪やとこたえといたるで。テレビずれのしたこんな心がまえも、彼らの応答をうながしたと思うが、どうだろう。

夜の大阪を満喫したのは……

大阪をエロよばわりする物言いは、一九三〇年代初頭の首都東京を席巻した。扇情的な接待を売り物とする大阪資本のカフェーが、銀座へおしよせたからである。大阪からきた女給たちは、こんなことも、あんなことまでさせてくれる。そんな話がメディアでさわぎたてられ、好色だという大阪像は普及した。

また、二〇世紀のなかばすぎにも、大阪はストリップで噂の種になっている。あんなところも見せてくれるらしい、というふうに。だが、それで話題をよんだのは、かならずしも東京へでむいた大阪の興行にかぎらない。どちらかと言えば、大阪圏内でもよおされるストリップのほうが、評判になっていた。あれなら、箱根をこえて見にいく値打ちもある、と。

大阪にできたノーパン喫茶の企画力を、一九八〇年代前半のメディアは、はやしたてた。そして、その点でさわがれたのは、もっぱら大阪の店である。東京へ進出した大阪の店が、もてはやされたわけではない。

かつては、東京へとびこんでいった大阪の風俗に、注目があつまった。首都からはなれた大阪の好色ぶりが、メディアで取り沙汰される度合いは、そう強くない。しかし、時代が下るにつれ、首都のメディアは大阪そのものへ、食指をうごかしだす。東京へやってきた大阪ではなく、遠方の大阪を好色の街として、おもしろがりだした。

おそらく、そこには交通機関の発達も、一役買っているだろう。二〇世紀の近代化は、人びとの移動を、たやすくさせた。東京と大阪をゆききする人の数も、圧倒的ないきおいでふやしている。もっと具体的に言えば、大阪へ出張ででかけるビジネスマンを、大量に出現させた。

必然的に、大阪のナイトライフをたのしみたがる男の数も、ふくらむこととなる。首都のメディアが、大阪の風俗をあおりたてた背景には、そんな事情もあったろう。

夜の大阪で羽目をはずしたいと考える男が、とくに東京の男が増大した。そのいきおいも、大阪の風俗情報を、メディアのなかで活性化させたと考える。助平なのは、大阪側だけでもないのである。

さて、このごろは新幹線が、以前よりはやくなっている。東京―大阪間の往復にかかる時間も、短縮された。大阪は、しだいに日帰り圏へくみこまれだしている。出張で、東京のビジネスマンが宿をとるケースは、へっていると思う。大阪を風俗の街にしたてる力学も、おのずと弱まったのではなかろうか。

いっぽう、より遠い博多や札幌なら、二一世紀の今日でも、どうどうと宿がとれる。旅の恥はかきすてという振舞にも、およびやすい。首都の風俗好きも、今はそちらへの出張に、好き心をたかぶらせだしている。大阪が特権的にかがやく時代は、おわったということか。

「しゃぶしゃぶ」で東京に一本とられた!

はずかしいうえに、くどいが、くりかえしノーパンがらみの話を書く。よほど好きなんだなと思われるのはつらいが、やむをえない。ノーパンをめぐっては、大阪を語るさいにはずせない事象が、まだのこっている。これを最後にするつもりではいるので、お付き合いをいただきたい。

あれは、二〇世紀末、一九九八年のことであった。当時の大蔵（現財務）官僚が、羽目をはずした遊興ぶりで、世の非難をあびている。「ノーパンしゃぶしゃぶ」に興じていたことが、あきれられたのである。

東京・霞が関のエリートが、こともあろうに、ノーパン。日本をささえるはずの優秀な人たちが、ノーパン。ひょっとしたら、他にもコンプライアンス面での問題は、あったのかもしれない。しかし、世間はなによりも、それがノーパンだったことを、うれえたのである。日本の行く末も心配して。

この報道に、私のよく知っているある大阪人は、こんな反応をしめしている。

あのニュースには、おどろきました。東京にも、ノーパンの新しいアイデアをだす奴は、いたんですね。ああいう構想力があるのは、大阪だけやと思うてたのに。東京にだしぬかれたみたいで、なんかくやしいなあ。

今の大阪は、もう以前のように、東京とはりあえなくなっている。だが、エロに関しては、負けていない。助平な工夫をあみだす着想の妙では、まだまだ大阪に一日の長がある。せめて、この分野だけでも、大阪の優位をたもちたい。これまで、そう思いこんできたが、「しゃぶしゃぶ」では一本とられたというのである。

こんなことでも勝ちたいと思う、その敵愾心に、私はたじろがされた。しかし、東京の「しゃぶしゃぶ」に似たような感想をいだいた大阪人は、少なくない。そういう方々のために、ひとことのべておく。

一九八〇年代には、大阪のノーパン喫茶が世にさわがれた。矢継ぎ早にくりだされる新企画で、日本中が大阪の活気に目を見はったものである。だが、前にものべたとおり、そういうアイデアのいくつかは、東京がひねりだしている。あちらの雑誌による発案が、大阪を舞台として開花した例も、ままあった。

東京じしんが「ノーパンしゃぶしゃぶ」をはじめとした創意に、うってでる。その下準備は、大阪の工夫が喧伝された時代から、もうととのいだしていたのである。

第四章　美しい人は阪急神戸線の沿線に

私鉄の沿線とミス候補

ミス・ユニバースの日本代表選考会は、一時期、毎年大阪でおこなわれていた。そのきっかけは、一九七〇年の大阪万国博覧会にあったという。千里の万博会場に、ミス・ユニバースの各国代表を、美の親善使節として招聘《しょうへい》した。この催しで、翌年からの大阪開催に、弾みがついたらしい。

主催者となったのは、ABC朝日放送である。そして、日本代表選考会の様子は、同局から系列局をつうじて、全国に放映された。宝田明を進行役としたコンテストの光景を、おぼえている人は少なくないだろう。今とはちがい、ミスコンが国民的な娯楽となっていた時代のひとこまとして。

余談だが、産経新聞にもこれをてがけていた時期はある。一九五〇年代の日本代表選考会は、産経の事業だったのである。児島明子が世界一にえらばれた時、同紙は彼女の姿を八段抜きの写真で一面にとりあげた（一九五九年七月二十六日付）。今ではありえない掲載ぶりに、当時のミス・ユニバースがもっていた訴求力を、思い知る。

さて、一九八〇年代の私は、美人研究に情熱をかたむけていた。ミス・ユニバースのことも、いろいろしらべている。朝日放送や産経新聞へも、取材におもむいた。

その朝日放送で、私は候補者たちの住所に関するデータと、であっている。これを見れば、たとえば近畿地区大会へ出場した応募者たちの分布状況が、見えてくる。書類の審査を通過した女性たちはどこにすんでいるのかが、浮かびあがってきた。ひらたく言えば、美人はどの街に多いのか、が。

今なら、こんな情報を放送局がもらすことは、ありえない。プライバシーをまもるために、開示をことわるだろう。当時は、まだそういうことを、おおらかにあつかっていたのだと言うしかない。

話をミス候補者たちの居住地にもどす。彼女らの輩出率、都市人口にしめる出場者の割合が、いちばん高いのは豊中であった。この結果をいぶかしがる必要はない。豊中は朝日放送に近い都市である。気軽にエントリーをする女性も、おのずと多くなったろう。

言葉をかえれば、放送局からはなれるにしたがい、応募をするのはおっくうになっていく。だとすれば、このデータが美人分布の実情を過不足なく反映しているとは、言いがたい。

にもかかわらず、そこから見えた構図は、私の胸をうった。書類選考通過者のすまいは、阪急電鉄の神戸線沿線にあつまっていたのである。その密集ぶりは、実名の公表をさけるが、某電鉄某線の沿線を、大きくひきはなしていた。

くりかえすが、これを万全なデータだとはみなせない。しかし、やはりそうなのかと思わされたことも、否定しがたいのである。

読者モデルの量産校

ここでは、いわゆるファッション雑誌について、語りたい。『JJ』『CanCam』『ViVi』『Ray』の四誌を、とくにとりあげる。

こういった雑誌の誌面には、さまざまな装いの美しいモデルが、おおぜい登場する。そのなかには、読者モデルとよばれる人びとも、けっこういる。雑誌の購読者からえらばれ、誌面でモデルの役目をつとめる女性たちである。

モデルとして登用された彼女たちは、なにほどかそのことを誇らしく感じよう。自分が登場している雑誌を、知人にも見てほしいと思うのではないか。あるいは、見せつけたい、と。そんな読者モデルの想いも、雑誌の売り上げをささえていたような気がする。じっさいに、雑誌を数多く買ったのは、娘の晴姿を自慢したい両親かもしれないが。

まあ、今の若い女性なら、SNS方面へ自分の艶姿をうつしだそうとするだろう。雑誌でモデルとなることを、かつてほどは大きく見つもらないかもしれない。しかし、二一世紀のはじめごろまでは、この媒体がちょっとした檜舞台となっていた。

さて、読者モデルには、大学へかよっているという現役の女子大生も、少なくない。そして、さきほどあげた四誌は、誌面に彼女らが籍をおく大学の校名も、書きそえている。

その大学名をながめていると、いやおうなく気づかされることがある。モデルとなる学生は、どこの大学にもまんべんなくちらばっているわけではない。ある特定のところに、彼女らはかたまっている。モデルの出現頻度が高い大学もあるいっぽうで、ぜんぜん顔をださない大学もある。両者は、はっきりへだてられているのだな、と。

『大学ランキング』という年鑑が、毎年だされていることを、ごぞんじだろうか。じつは、これが大学別のモデル輩出数を毎年わりだしている。見ていると、いわゆるミッションスクールのきわだつことが、読みとれる。首都圏でも関西でも、プロテスタント系の学校が上位をしめているのである。

モデルにでもなってみようという女子は、どうしてキリスト教の学校にあつまるのか。日本におけるキリスト教受容史の大問題だと思うが、今は言及をひかえる。

気になるのは、関西におけるモデル量産校の立地である。雑誌でかがやく女学生の多い大学は、あるかぎられた地方にかたより、分布していた。その詳細は、もったいをつけるようだが、次へまわしたい。

やはり阪神間の山手か

『大学ランキング』の二〇〇七年版を、ためしにのぞいてみる。前に紹介した四つのファッション誌に、顔をだす読者モデルが多いのは、どの大学か。その序列が、「女性ファッション誌ランキング」という欄に、しめされている。

一位は青山学院で、以下立教、早稲田、慶應とつづいていく。それぞれ、七百九十五人、四百九十五人、四百二人、三百二十六人のモデルを輩出していた。上位四校は、いずれも首都東京の大学である。やはり、こういうきそいあいでは東京が強いのかと、感じいる。

そんなの、雑誌をだしている出版社じたいが東京にあるのだから、しかたない。関西の大学は、どうしたって不利になる。公平な調査はできないと、そう反論をかえしたくなる読者もおられようか。

しかし、五位には神戸松蔭女子学院（二百七十六人）が、ランクされている。神戸女学院（百九十五人）と甲南女子大（百九十四人）も、八位と九位にはいっていた。関西の女子大生も、ファッション雑誌では、そこそこかがやいているのである。

しかも、学生数がそう多くない神戸松蔭や神女《しんじょ》が、早慶あたりとわたりあっている。この健闘ぶりは、やはりあなどれない。キラキラした女子学生と、キャンパスで遭遇する。その比率では、むしろ首都の大学を上まわっているぐらいだろう。

ところで、今あげた関西の上位三校は、みな阪急の神戸線沿線に位置している。神戸線よりやや北側に、キャンパスをかまえてきた。ファッションやルックスできらめく女子大生は、やはり阪神間の山手にむれつどうのか。そのことを、あらためて思い知らされるデータだと言える。

この地域以外では、ようやく五十位に京都外大と同志社女子大（十二人）があげられている。大阪の学校で最上位をしめたのは、五十七位の関西大（九人）であった。京都や大阪は、まったくはりあえていない。阪神間の山ぞいとは、くらべるべくもないのである。

甲南女子大について、ひとこと言葉をおぎなっておく。二〇〇七年版で九位となったこの大学は、その前年まで首位の座をたもっていた。東京のマンモス大学をも、三年連続で凌駕しつづけたのである。

同校に美人のつどうことは、関西でも伝説化されていた。南女《なんじょ》の愛称とともに、しばしば噂の的となったものである。私も学生時代から、あこがれをいだいてきた。

二〇〇七年版からのおちこみは、学生がモデルになることを、大学側がとがめたせいらしい。以後、南女のモデルたちは、大学の名をふせながら雑誌にのりつづけた。『大学ランキング』の調査からは、見おとされたゆえんである。

「芋女」と「神女」のあるちがい

これまで、いくつかの大学で非常勤講師をつとめてきた。女子大の教壇にも、たっている。神戸女学院でも、教えたことがある。

ファッション雑誌の読者モデルを、数多く世におくりこんできた学校である。『大学ランキング』によれば、毎年のベストテンをにぎわす常連校になっている。神戸松蔭や甲南女子とならぶ、関西御三家のひとつにほかならない。

言葉に気をつけなければいけないが、あえて書く。かつて、私のうけもった授業に、あまりモデル然とした学生はいなかった。他の学校より、ややおしゃれな生徒が多いとは、思っている。しかし、『大学ランキング』の数字からうかがえるほどの傑出ぶりは、感じなかった。

私は、読者モデルなどほとんどだしてこなかった某女子大でも、教鞭をとっている。世間では、芋女《いもじょ》の評判も、しばしば耳にする学校である。

しかし、授業での実感を言えば、そこそこにはキラキラした女子もいた。教室での輝きが、さきの神女とくらべ、さほどおとっているとも思えない。

意地の悪い読者は、「さほど」おとっていないという書きっぷりに、こだわられようか。「さほど」と書く以上、少しくらいは見おとりがしたのだな、と。もうしわけないが、そのところは、あまり問いただささないよう、おねがいしたい。せっかく言葉をにごしているのだから、読みすごしてほしいものである。

ただ、モデルの輩出数という数字がしめすほどの顕著なちがいを、私は感じなかった。そのことだけは、自信をもってうけあえる。

ならば、『大学ランキング』がわりだした値は、どううけとめればいいのか。それは、かならずしも、在学生のルックス具合を、過不足なく反映していない。だとすれば、あのデータは、何を物語っているのだろう。

けっきょく、こういうことではないかと、私は想像する。自分はきれいで、体型もかっこいいから、モデルにでもなってみよう。と、そう自分をおしだしたがる女子が、モデル量産校には多いのだろう。某芋女の女子は、たとえ美しくても、その点でひっこみ思案になっているんじゃあないか。

そして、自己アピールをためらわない女子が、関西では阪急神戸線にむらがっている。この現象をどう考えたらいいのかということを、これからの課題にしていきたい。

ときはなたれた着道楽

二〇世紀にはいったころであったろう。大阪は、日本を代表する工業都市になっていく。市中のそこかしこに、工場がたちならぶ街へと変貌した。

いきおい、空は以前より黒ずむようになる。林立する煙突がまきちらす煙は、太陽の光をさえぎった。暗くくすんだ街を、大阪の人びとは「煙の都」とよびならわしている。

だが、そのいっぽうで、市民は不衛生と言うしかない生活環境を、おしつけられた。そのため、経済的にゆとりのある家は、居宅を郊外へうつしだす。たとえば、船場あたりの大旦那たちは、六甲山系の裾野に自邸をかまえはじめたのである。

産業化の進行は、全国からおおぜいの労働者を、大阪へひきよせた。従業員数のふえた商家では、職場の容積をふくらまさなければならなくなる。職住一体の伝統的な町屋ぐらしでは、肥大化した経営がささえられなくなった。

　こうして、市中の木造建築は、いわゆるオフィスビルにとってかわられる。従業員と同居していた経営者の家族は、郊外の新居へひっこした。大阪の中心にビルをもつほどの家は、その多くが阪神間の山手へうつりすんでいる。彼らの転居をうながしたのは、都心の煤煙《ばいえん》だけにかぎらない。経営規模の拡大も、この勢いをあとおししたのである。

　言うまでもないが、彼らは富裕層にぞくしている。セレブなくらしを、いとなんできた。衣裳もちでもあったろう。

　だが、船場の商人たちは、着道楽ぶりを人前では、できるだけかくそうとした。はなやかな装いで、近所の目にとまることは、強くいましめている。とくに、女たちは、めだたぬことがのぞましいとされていた。そもそも、御寮さん（奥方）は、表へでることさえつつしむものだとされていたのである。

　しかし、六甲山系の麓《ふもと》へすまいをうつしてからは、話がちがってくる。新居では、たがいに監視をしあう近所の目が、なくなった。女たちは、世間に気兼ねをすることなく、おしゃれがたのしめるようになったのである。

のみならず、旦那たちは大阪へのこしたオフィスの管理が、どうしても気になった。いきおい、家父長として以前のように妻や娘の振舞へ口をだすことは、しづらくなる。女たちは、その点でも、ファッショナブルにふるまう自由を、あたえられたろう。

阪神間の山手地区に読者モデルのむらがる下地は、こうしてととのえられたのだと考える。

良家の子女にあるまじき振舞

『ファッション』という雑誌が、かつてあった。一九三三年に芦屋で創刊されたモード雑誌である。今、刊行されている『ＪＪ』や『ＣａｎＣａｍ』などの、さきがけとなった。その元祖とも言うべき月刊誌が、阪神間で、刊行されだしたのである。

もちろん、ずいぶん前から『三越』など、百貨店が配付していた情報誌はあった。あるいは、化粧品の会社がてがけた媒体も、先行例になかったわけではない。しかし、芦屋の『ファッション』は、そういう業者と一線を画していた。特定企業の広報誌でなく、一般雑誌として発行されだした点は、画期的だったのである。

六甲山の山麓には、早くから大阪のブルジョワジーたちが、うつりすみだした。そして、そこで新しい社交生活をくりひろげるようになる。家庭にしばられない女性たちが表へでて、それまでにないサークル活動を展開した。西洋料理の講習、ダンスやテニスの練習、そして洋装洋裁に関する情報交換などの会合を。奥様、そのドレスすてきやわ、あら、あなたこそ、などと言いあって。

『ファッション』が出現したのも、以上のような阪神間事情の賜ではあった。資産があり、家事は使用人たちにまかせておける。そんなマダムやお嬢様たちの着道楽が、この雑誌をささえたのである。

『ファッション』創刊の約三年後に、東京でもモード雑誌がだされている。『スタイル』と題された月刊誌である。作家の宇野千代がはじめたせいもあり、こちらのほうが名前はよく知られていよう。

ただ、東京の『スタイル』は、グラビアのモデルに芸妓や女優をつかっていた。いっぽう、『ファッション』は、そういう玄人に誌面をあたえていない。比較文学者の堀江珠喜におしえられたことだが、こちらは一般女性を登場させていた（「昭和ベル・エポックのファッション」『阪神間モダニズム』一九九七年）。

素人の女性が、グラビアページではなやかな脚光をあびる。かつて、そうしたおこないは、良家の子女にあるまじき振舞として、眉をひそめられた。この古い観念からは、阪神間のほうが東京よりはやい段階で、ときはなたれていたらしい。

いずれにせよ、読者モデルの先駆形態は、まず阪神間の山手で形成された。この歴史は、のちの『ＪＪ』などにもひびいていると私は考えるが、どうだろう。

宝塚にもささえられ

かわいい娘さんやなあ。こんな子やったら、ぜったい宝塚にはいれるで。ひところは、美少女をほめるさいに、しばしばそう言った。宝塚うんぬんは、器量良しの娘をもてはやす、その決まり文句になっていたのである。テレビが、少女アイドルを量産しだしたころまでは。

宝塚歌劇は、もともと宝塚温泉の余興めいた出し物として、はじめられた。宝塚唱歌隊として第一回目の公演をもったのは、一九一四年である。ステージにたつのは、当初から少女にかぎられた。先行する三越の少年音楽隊に、少女歌劇という形ではりあってもいたらしい。

一九二〇～三〇年代には、その人気も高まりだす。『モン・パリ』や『パリゼット』のヒットが、宝塚の評判をおしあげた。自分もあそこへはいりたいという少女たちの夢を、ふくらませるにいたっている。

じゅうらいの花柳界や演芸会からはなれたところで、宝塚は発足した。いわゆる芸人たちで、一座を組織しようとはしていない。一般家庭の令嬢だけで、ステージを構成した。古風な家では、娘が舞台で芸事の披露におよぶことを、いやがったろう。なんて、はしたないというように。船場の老舗は、そもそも妻や娘を家からだしたがらなかった。このことは、前にものべている。だが、宝塚の成功は、そんな良家の家風もかえていく。

船場では近所の目があり、女たちもはでにはふるまえない。だが、阪神間の山手へひっこしてからは、近隣の視線を気にする必要がなくなった。だから、芦屋のマダムや令嬢は、着かざって表へではじめたと、これも前に書いている。その指摘にくわえ、今回は宝塚からの感化も強調しておきたい。

周知のように、宝塚歌劇は多くのスターをおくりだした。芸能界にも、宝塚出身の女優はおおぜいいる。しかし、宝塚が輩出したのは、そんな有名どころだけにかぎらない。早くに退団をして、家庭におさまった女性も、たくさんいる。というか、数をくらべれば、そちらのほうが圧倒的に多い。

とりわけ、六甲山麓のブルジョワ家庭には、そういうマダムがむらがった。私は、これらの家々や、彼女たちをとりまくサークルも、あなどれないと考える。路上をステージよろしく闊歩する。そんな読者モデルの予備軍は、この環境にもそだてられたにちがいない。

神戸と大阪が共振して

大阪の富豪たちは、二〇世紀のはじめごろから、すまいを阪神間へうつしだした。彼らは自分たちの趣味生活を、新しくすみついた場所へもちこんでいる。大阪時代のそれが、すぐにとだえたわけではない。

多くの移住者は、たとえば茶の湯をたしなんだ。りっぱな茶室を、新居にもうけたりもしている。いわゆる数寄者《すきしや》として生きた人は、少なくない。

活け花や邦楽、そして日本舞踊などの娯楽も、たもっている。故郷の大阪から、そういった方面の師匠たちをまねきもした。あるいは、京都からよびよせて、芸事の師範をたのんでいる。その点では、いわゆる日本趣味をたもちつづけたのだと、みなしうる。

だが、彼らのくらしはじめた場所は、なんといっても神戸に近かった。周知のように、神戸は横浜とならぶ、西洋化の先進地帯である。いわゆる異人館が、まだけっこうのこっている様子は、よく知られていよう。そして、神戸へとどいた西洋からの感化も、いやおうなく彼らにはおよんでいった。

日本開国後まもなく、神戸居留地には西洋人の洋服店ができている。イギリス人のカベルが、仕立屋を開業した。フランス人のベルガー夫人も、婦人服や洋装小物の店をかまえている。そういった神戸の店をつうじて、阪神間の富裕層にも、洋服でのくらしはつたわった。

横浜と神戸をくらべれば、神戸のほうがヨーロッパに目をむけていただろう。横浜は、ややアメリカよりであったと思う。そして、神戸には上海経由で、パリモードが流れこんでいた。

一九二〇年代までなら、関西のほうが関東より欧風化の先進地帯だと、見られている。東京では、大阪へおもむくことが、ちょっとした「洋行」だと、はやされてもいたらしい。「最近東京の文士連中は大阪洋行なんていうとる……」。『新東京繁昌《はんじょう》記　附　大阪繁昌記』(水島爾保布《におう》、一九二四年)には、そうしるされている。

六甲山麓には、西洋人たちも別荘をかまえていた。彼らは、ヨーロッパの趣味生活を、もちこんでいる。洋風の衣食住のみならず、ダンス、テニス、ゴルフ等々を。そして、それらも六甲山系の裾野へすみついた人びとには、つたわった。

阪神間に、ハイカラな生活様式が普及する。それは、大阪の富と神戸の舶来文化が、共振しあったうえでの現象でもあったろう。

神戸コレクションの背景は

パリやミラノで新作発表のファッションショーがひらかれることは、よく知られていよう。それぞれ、パリコレクション（パリコレ）、ミラノコレクションとよばれている。高級メーカーのデザイナーが意匠をきそいあう、業界注視の催しである。

くらべると神戸でおこなわれる神戸コレクションは、格がおちるように思われようか。パリやミラノほど、参加するデザイナーの名は知られていない。その呼称も、パリコレなどの二番煎じめいている、と。

じじつ、ここでの発表をこころざすのは、日本の若手デザイナーたちである。観客も、業界人ではなく、ファッション好きの一般女性がうめつくす。パリあたりとはちがい、世界のトップバイヤーはむらがらない。

舞台で歩くモデルたちのなかにも、動きが素人くさい人を、まま見うける。いわゆるスーパーモデルのいならぶ場所ではない。

そもそも、ここで発表されるのは、往来でもよそおえる衣服である。ショーの見世物用に特化した、奇抜なデザインは、あまり見かけない。一般女性にも手のとどく普段着が、これは言いすぎかもしれないが、しめされる。

とはいえ、消費者参加型のこういうショーが日本でなりたったのは、神戸を嚆矢とする（二〇〇二年）。東京ガールズコレクションなどは、神戸にならってできた後発のショーである。そして、神戸がさきがけとなった裏面には、やはりその土地柄もあったろう。

何度ものべてきたが、ファッション雑誌の読者モデルは、阪神間にあつまっている。『ＪＪ』や『ＶｉＶｉ』にモデルを供給しているのは、六甲山麓の女子大なのである。こならコレクションの催しも成立しうると、企画立案者たちは考えたにちがいない。

この事業に、じつは『ＪＪ』と『ＶｉＶｉ』も「特別協力」という形でかかわった。読者モデルの情報を把握している有力雑誌が、力をかしていたのである。そして、両誌は以前から、関西のモデル発掘にも、骨をおってきた。『ＣａｎＣａｍ』や『Ｒａｙ』は関西圏をおろそかにしがちだけど。

そう、ファッション四大誌のうち、二誌は関西をなおざりにしている。にもかかわらず、阪神間の女子大は、首都圏の有力大学ともわたりあってきた。神女や松蔭そして南女などの、ハンディをものともしない輝かしさを、思い知る。神戸コレクションの地理的な背景とともに、このことは強調しておきたい。

第五章

音楽の都

天才を生んだ大富豪

貴志康一《きしこういち》を、ごぞんじだろうか。

戦前の日本を代表する、大阪生まれの音楽家である。ドイツでは、あのフルトヴェングラーから、指揮法をさずかった。一九三四年には、彼地でベルリン・フィルのタクトをとり、自分の管弦楽曲を発表している。

同楽団をしたがえ戦前期に指揮台へたった、数少ない日本人のひとりであったろう。自作の初演がベルリン・フィルという点では、前例があるまい。才能のみならず、チャンスにもめぐまれた人ではあった。

だが、一九三七年には、二十八歳という若さで病死する。これからという時に、亡くなった、いわゆる夭折《ようせつ》の天才である。美貌の人でもあっただけに、短く燃えつきたその人生は、かがやかしくしのばれる。

くりかえすが、生前の貴志は、ベルリンの音楽界から好意的にむかえられていた。もちろん、才能がみとめられたせいではあったろう。しかし、その端整な容姿も、彼のポジションを彼地でおしあげたような気はする。まあ、私の邪推だが。

もともとは、ヴァイオリンをまなぶことから、音楽の世界にはいっていた。高校を二年で中退し、ジュネーブ音楽院に留学する。一九二九年には、ストラディバリウスのヴァイオリンを買っていた。家一軒が千円でたったとされる時代に、六万円で購入したと言われている。

戦前の日本にあって、ヨーロッパへ音楽留学する。のみならず、とんでもない楽器をあたえられてもいた。才能だけでなく、財力も家にはそなわっていたんだなと、思われよう。じっさい、そのとおりで、貴志家は大阪の富豪にほかならない。祖父の代にメリヤス業で成功し、大きな財をなしていた。父は茶の湯にしたしみ、数寄者としても知られている。のみならず、大阪の資産家たちと、クラシック音楽の同好会もひらいていた。竣工直後の中央公会堂へ、海外から演奏家たちをまねいてもいる。

貴志家は浜芦屋に別荘をいとなんだ。大阪の煤煙をさけるためだろう。一九一八年からは、康一もふくむ子供たちを、そちらにすまわせている。そこでは、毎週末にホームコンサートも、もよおされていた。

この環境も、天才をはぐくんだと思う。しかし、今の大阪からこういう人物ははばたきにくかろう。康一は大阪生まれだが、いわゆる大阪人論で、その名を見かけることは、ほとんどない。

亡命ロシア人の生きる途

貴志康一が、音楽への途をヴァイオリンからはじめていたことは、さきほどのべた。父から楽器をあたえられ、その心得もある叔父から、最初は手ほどきをうけたのだという。母の旧師も、その指導にはあたっていたらしい。

だが、康一の才能を世界へはばたかせたのは、ミヒャエル・ウェクスラーであったろう。ウェクスラーは、革命のロシアをぬけだし、日本へやってきたヴァイオリニストである。康一の才能を見ぬき、大きくそだてたのは、このウェクスラーであった。

巷間《こうかん》につたわる二人の出会いは、劇的である。そのあらましは、以下のようになる。

神戸の北野に居をかまえたウェクスラーは、しばしば芦屋あたりを散策した。ある日、浜芦屋の洋館からもれてきたヴァイオリンの音色を、耳にする。そこに無限の可能性を感じた亡命のヴァイオリニストは、その洋館へとびこんだ。そして、自ら名のり、音楽の指南役を買ってでたのだと言われている。

当時、ロシアからにげてきた音楽家たちは、神戸や芦屋あたりに居をかまえた。だから、貴志家のそばを、ウェクスラーが、たまたまとおりかかる可能性はある。だが、見ず知らずの家へ、とつぜんあがりこむ話には、うなずけない。もし、この逸話どおりに、事がはこんだのだとしたら。その場合は、亡命の音楽家が個人教授の職さがしで、芦屋をうろついていたことになる。どこかに、ヴァイオリンのレッスン料をはらってくれる家はないか。あたりを、そんなふうに物色していたと考えなければならなくなる。

まあ、貴志家とのあいだには、あらかじめ仮契約らしい約束ができていたのだろう。とうとつな訪問というドラマは、康一の才能を美化する伝説だと思う。

とはいえ、ロシアへもどれぬ亡命の音楽家たちは、生計の途をさがさねばならなかった。だが、当時の日本に、子供へ本格的な音楽教育をさずけようとする家は、あまりない。唯一、六甲山系の麓、阪神間にはそのレッスン料をはらえる家が、むらがっていた。それこそ、ストラディバリウスを子供のために買おうとする家が。ウェクスラーらが、この地にすみだしたのも、富豪たちとの邂逅《かいこう》をもとめたせいだろう。

彼らの多くは、もともと黒海沿岸、ロシアのリゾート地で活躍していた。それで、風景の似かよった六甲山麓を気にいったのだと、よく言われる。この通説にさからい、ビジネスチャンスを強調する私は、心がゆがんでいるのだろうか。

いずれにせよ、彼らの多くは東京へいかず、神戸や阪神間でくらしだしている。レオ・シロタのように、東京音楽学校（現東京藝大）で職をえた人は、べつとして。

郷愁のロシア

ある世代までの日本人は、ロシア民謡をよく知っている。『ボルガの舟唄』『カリンカ』『ステンカ・ラージン』などを、おぼえている。今でもうたえるという人だって、少なくないだろう。歌詞はわすれたけれども、さわりのメロディーは口ずさめる。そんな人までふくめると、そうとうな数になるのではないか。

このことでは、ロシアから日本へやってくる人たちが、おどろくこともある。どうして、そんな唄を知っているのですか、と。「もしもし亀よ……」がうたえるロシア人と、我われがであえば、びっくりするように。

背景には、旧ソビエト連邦へ共感をよせた左翼の力も、あったろう。労働運動の高揚から、歌声喫茶などをとおして、ひろまっていく。今とくらべれば左傾していた教育界が、子供にそれらをおしえていた。そんな可能性を想いつく。

パルナス製菓のピロシキを、読者はおぼえておられようか。周知のとおり、ピロシキはロシア渡来のパンである。それをパルナスは商品化し、一時期、大々的に売りこんでいた。一九五八年からテレビのアニメ番組をとおし、CMも流している。これが、二十年ほどはつづけられたろうか。

そのCMソングも、ロシアへの郷愁をあおっていた。「パルナス　パルナス　モスクワの味……」というように。うたっていたのは、中村メイコとボニージャックス。こちらもよくなじまれ、四十代以上の人なら、たいていおぼえている。

そう言えば、ボニージャックスも、ロシア民謡をうたっていた。あるいは、ダークダックスも。そんなコーラスグループのひとつに、パルナスの宣伝歌はまかされていた。

ただし、記憶があるのは、関西圏そだちの人にかぎられる。パルナスは、関西の企業であった。テレビのCMも、大阪の電波がおよぶところまでしか、とどかない。「モスクワの味……」は、一種の関西遺産めいた音楽なのである。

この裏面に、親ソビエト的な社会情勢があったとは、しかし思えない。むしろ、逆の思惑がはたらいていたぐらいでは、なかったか。CMが普及した関西、とりわけ阪神間には、亡命ロシア人の音楽家が、おおぜいいた。「モスクワ」へのノスタルジーは、彼らにこそよりそっていたような気がする。ソビエトではなく、ソビエトからにげてきた音楽家たちに。

いずれにせよ、パルナスは二〇〇〇年に営業を停止した。それでも、阪神電鉄の尼崎駅にはこれをあつかう店が、まだある。早くにパルナスから独立した店だが、ここでは今日なお「モスクワの味」をたのしめる。

ロシア、フランス、そして宝塚

宝塚歌劇をにがてだという人は、少なくない。だが、『ベルサイユのばら』は、たいていの人が知っている。たとえ、見たことがなくても、そういうヒット興行のあったことは、わきまえていよう。あるいは、「ベルばら」というその愛称も。ひょっとしたら、オスカルやアンドレという主人公たちの名前まで。

原作は、これも周知のとおり、池田理代子の漫画である。物語は、フランス革命期の宮廷に、光をあてている。王妃マリー・アントワネットとフェルゼンの愛を、けだかくえがいていた。革命でたちあがった人民より、王家の運命に気持ちをよせている。王党派よりの作品であった。もちろん、宝塚の舞台もこれをうけつぎ、ほろびゆく王家への哀歌をかなでている。

「ベルばら」の興行的な成功は、世間の宝塚像を固定化させたかもしれない。いわゆるおフランス趣味の観客、とりわけ女性客に宝塚はテイストをあわせている、と。

そう言えば、戦前の宝塚は『モン・パリ』(一九二七年)で、評判を高めていた。日本ではじめてのレビューとされるこの出し物も、パリへのあこがれをあらわしている。『パリゼット』(一九三〇年)が、宝塚をこの方向へ傾斜させたことも、いなめない。

もっとも、当時の宝塚には男の観客も、おおぜいつめかけた。旧制の中学や高校では、少女歌劇のスターが、偶像のようにながめられていたのである。花組の誰それがいい、いや俺は月組の某《なにがし》をおしているなどという声に、はやされながら。今さかんな、女性ばかりのグループ、たとえばAKB48がアイドル視されるのと同じで。宝塚の客席で、女性比率が高くなっていった経緯は、あらためて考えられるべきだろう。

パリにうっとりする戦前の演目については、岸田辰彌《たつや》と白井鐵造《てつぞう》の貢献が、よく語られる。フランス帰りの演出家が、こういうレビューを宝塚にもたらしたのだ、と。

ただ、そんな彼らも、踊りの振り付けまでこまかくおしえ、みちびいたわけではない。オーケストラの指揮も、手にあまった。音楽や舞踊の技術的な指導には、ロシア革命の亡命芸術家たちがあたっている。オソフスカヤ、ルジンスキー、そして、カラスロワらが。

いずれも、ソビエトからにげだし、阪神間にすみついた旧王朝側の人びとであった。

フランス風レビューの根っこには、ロシア帝政時代の音楽と舞踊がある。ブルボン王朝へのエレジーは、ロマノフ王朝に奉仕した音楽を背景として、つくられた。そう考えると、「ベルばら」の王党ロマンも、あじわい深い。

亡命ロシア人からうけついで

戦前の宝塚少女歌劇は、ロシア革命からの亡命者たちに、音楽の指導をしてもらった。前にものべたようにオソフスカヤらがロシア帝政期の音楽を、宝塚へつたえたのである。なお、そのオソフスカヤはバレエの訓練、そして振り付けなどを担当した。日本語の職名は、舞踏教授である。

オソフスカヤの夫は、エマヌエル・メッテル。やはり、ソビエトをきらい、神戸へにげてきたロシア人の指揮者である。ただし、宝塚のオーケストラには、かかわっていない。こちらは、やはり革命のどさくさで来日したオーストリア人のヨーゼフ・ラスカが、うけもった。

メッテルは、大阪放送局が創設した管弦楽団の指揮を、まかされている。のちのＮＨＫ

大阪がかかえた楽団を、みちびいた。戦前の大阪では、その指揮によるロシア音楽が、ラジオから聞こえてていたのである。

のみならず、メッテルは京都大学のオーケストラでも、タクトをふった。この京大オケには、けっこう愛着もあったのだろう。メッテルはロシアからたずさえてきた楽譜を、いくつも京大へ寄贈している。ロシア帝政時代に出版された、リムスキー・コルサコフなどの総譜を、ゆずっていた。

今でも、それらは京大の図書館に、のこっている。のみならず、京大はこのコレクションを土台にして、しばらくオケ譜を買いつづけた。おかげで、音大でもないのに、ちょっとした音楽記録の宝庫となっている。政治亡命が、しばしば文化財の移動もともなうことを、かみしめる。

最初は神戸にくらしたメッテル夫妻も、のちには芦屋川沿いへ転居した。何年かは、阪神ぐらしをエンジョイしたろうか。しかし、日中戦争がきびしくなると、日本での生活に不安を感じだす。けっきょくは、一九三八年の年末に家をたたみ、翌年アメリカへ旅だった。

そのメッテルから、京大オケの指揮役をゆずられたのは、ほかならぬ朝比奈隆である。

朝比奈じしんは、東京で生まれた。だが、大学は京大へすすみ、そこでメッテルとであっている。

のちに、彼が大阪フィルをひきいるマエストロとなったことは、ひろく知られていよう。そして、大阪音楽界を代表したこの重鎮も、亡命ロシア人の薫陶をうけていた。その響きにも、帝政ロシアのあじわいはあったのだろうか。

世界へはばたく「浪速のバルトーク」

「浪速のバルトーク」とよばれた作曲家が、かつて大阪にいた。大栗裕《ひろし》である。大栗は、しばしば自作の楽曲に、大阪土着の音楽をとりいれた。「大阪」をうたった曲もある。

バルトークはハンガリー生まれの作曲家である。母国の民俗音楽に取材した作品を、数多く発表した。大栗がバルトークになぞらえられるのは、そのためである。

「浪速のハチャトゥリアン」と言われることも、ないではない。ロシアのハチャトゥリアンも、民衆的な音楽を自作にいかした作曲家であった。「バルトーク」と「ハチャトゥリアン」に、愛称としての本質的なちがいはない。

当人は、一九一八年に大阪の船場で生まれている。小間物商の御曹司であった。父には義太夫の心得があったという。その意味では、大阪の俗曲世界にはぐくまれた作曲家だと、みなしうる。

若いころから、吹奏楽に興味をもちだした。ホルンをまなび、その途で身をたてるようにもなっている。一九五〇年には、関西交響楽団、のちの大阪フィルハーモニー交響楽団でホルン奏者となった。このオーケストラをひきいた朝比奈隆から、じかにまねかれて。

指揮者の朝比奈は、一九五六年に渡欧する。ベルリンでは、ベルリン・フィルの指揮台にたつ機会も、あたえられた。ベルリン側は、事前に朝比奈へ日本人の現代音楽を持参するよう、もとめている。あまりヨーロッパ的ではない曲を、ベルリン・フィルの演奏で紹介してほしい、と。

この要請を、朝比奈もうけいれた。曲作りの能力もある大栗に、一曲こしらえてくれと、たのんでいる。大栗の代表作である『大阪俗謡による幻想曲』（ファンタジー・オン・オオサカ・フォーク・チューンズ）は、こうしてなりたった。天神祭の御囃子《おはやし》めいた音などを、しばしばひびかせる管弦楽曲が、できあがったのである。

興味をいだかれた方は、ナクソスのＣＤに収録された大フィルの演奏を聴いてほしい。一九七〇年の改訂版だが、下野竜也の指揮でおさめられている。ついでに書くが、関西の現代音楽をよくとりあげるナクソスに、私は敬意をいだいている。

ベルリンでの御披露目は、たいそうよろこばれたらしい。以後これは、朝比奈が海外で公演をするさいの、挨拶代わりめいた楽曲に、なっていく。「ベルリン・フィルにささげる」。そうしるされた大栗の原譜は、今も同フィルの資料庫におさめられている。

さて、戦前の朝比奈は、メッテルからヨーロッパの猿真似をやめろと言われていた。日本人なら、日本人らしい音楽をこしらえよ、と。ロシア帝政期に、「国民楽派」を生きたメッテルの、それは遺訓でもあった。その延長線上にこの曲も位置づけたいが、どうだろう。

大阪フィルの渡欧をあとおした市民の熱意

一九七五年のことである。大阪フィルハーモニー交響楽団は、はじめてのヨーロッパ公演をなしとげた。オーストリアやドイツなどで、二十回におよぶ演奏会をひらいている。

と、そう書くのはたやすいが、しかしなかなかかんたんにできることではない。なにしろ、オーケストラの数十人におよぶ団員を、海外へおくりこむのである。旅費、滞在費のやりくりで、財務担当者はいやおうなく頭をかかえることになる。

おまけに、当時は石油ショックのまっただなかであった。どこの企業も、経費をきりつめている。不要不急とみなされる出費は、誰もがてびかえた時期である。

大フィルは、行政と財界の支援にささえられている。そして、そのスポンサー筋は、たいてい渡欧に難色をしめしていた。大フィルをバックアップする協会の理事長も、指揮者の朝比奈隆にあらがったらしい。「頼むからやめてくれ」、と(『朝比奈隆 わが回想』一九八五年)。

だが、当時の大島靖大阪市長は、またちがった判断を下している。苦境の時だからこそ応援をしたいということで、市からの援助をおしまなかった。

のみならず、この時市井の音楽愛好家が、義援金あつめにたちあがっている。〝大フィルをヨーロッパにおくろう〟。この掛け声とともに、街頭や演奏会場の前で募金をはじめたのである。あるいは、有志のところへ、献金をたのみにいっている。インターネットもない時代の、クラウドファンディングであったと言うべきか。

この光景を見て、財界からきていた理事長も態度をあらためる。理事会をやりなおし、予算をくみかえた。手続きとしては問題もありそうなそういう経緯をへて、大フィルは旅だったのである。

大阪のクラシック好きが、じつは大阪だけでもないのだけれど、気持ちをよせあった。アカデミックな音楽に、市民が情熱をかきたてられている。大フィルのヨーロッパ公演という壮挙には、それだけの輝きがあったということか。

これも、とおりいっぺんの大阪人論では見すごされそうな逸話である。であるだけに、こんな一面も大阪にはあったのだと強調しておきたい。

二〇一二年には、大阪市が新しい市政改革の方針をうちだしている。これにより、ざんねんながら、大フィルへの補助金は、大きくけずられた。オーケストラは今、くるしい運営をしいられている。

大フィルへの期待値が、下がったのか。それとも、行政や市民がせちがらくなったのか。あるいは、マエストロ・朝比奈隆の、今はありえないカリスマ性に、脱帽するべきか。いずれにせよ、大阪と大フィルが夢をわかちあった時代は、すぎさったようである。

世界的な音楽人をはぐくんで

神戸女学院は、いわゆる〝お嬢様〟のかよう学校として、よく知られる。雑誌の読者モデルが多く在籍していたことは、すでにのべた。

だが、じつはこの大学、音楽学部も特筆にあたいする。クラシック畑の演奏家たちを、おおぜいそだててきた。音楽教育をほどこす他の芸術系大学とくらべても、その点ではきわだつ。

二〇世紀のなかごろまで、ここでは大澤壽人《ひさと》という作曲家が、教鞭をとっていた。女学院の音楽水準を高くたもたせてきた、その代表的な教育者にほかならない。

私じしん、大澤が一九三〇年代にこしらえた二つのピアノ協奏曲を、こよなく愛している。なかでも、第三番（一九三八年）のジャズっぽい響きには、強くひきつけられてきた。これを収録したCDが、ナクソスからでている。多くの音楽愛好家に、試聴をすすめたい。

戦前の日本に、こんな音楽があったのかと見なおす、そのいいきっかけになると思う。

生まれたのは一九〇六年、出生地は神戸である。中学時代には神戸在住のアレクサンダー・ルーチンからピアノの手ほどきをうけた。やはり、ロシアからにげてきた亡命音楽家のひとりである。

以後、たちまち才能を開花させ、欧米へおもむき、同年代の尖端的な音楽を吸収した。ボストンやパリでも自作を発表し、高く評価されている。作曲界の次代をになう、そのひとりとして国際的にもみとめられだした。

ざんねんながら、さきの戦争は大澤が世界で大きくはばたく機会を、うばっている。戦後は大阪でラジオや映画の仕事に忙殺され、腕によりをかけた仕事ができていない。一九五三年には、まだこれからだという四十七歳で亡くなっている。

音楽史にあまり大きく名をとどめなかったのは、いちおうそのためだとみなしうる。しかし、それだけでもない。大澤は、東京藝大を中心とする日本の楽壇にたよらず、世界へうってでた。前に紹介した貴志康一の場合もそうだが、こういう人に東京の音楽史は、やつめたい。冷遇の一因は、そこにもある。

二〇世紀中葉までの関西は、世界にとどく音楽家をはぐくんでいた。人材の育成という点では、官立大学にまけない機能をはたしている。阪神間の経済力と亡命ロシア人たちの薫陶は、それだけの素地をこの地にもたらした。関西の力をみくびりやすい中央楽壇になりかわり、そのことを強調しておきたい。

バルトークもわすれずに

大阪を論じた本は、たくさんある。しかし、クラシック音楽をあつかった大阪論の書物は、ほとんどない。たとえば、大阪フィルハーモニー交響楽団に、それらがどれほどページをさいてきたか。かぞえたことはないが、さみしいかぎりであろう。

いつのまにか、大阪はそういう話題にそぐわない都市だと、みなされるようになってきた。大フィルの大栗裕がつくった楽曲は、みな大阪色をはっきりうちだしているのに。そのため、大栗は「浪速のバルトーク」だと、はやされてきたにもかかわらず。

ためしに、どうだろう。「浪速の……」へつづくクラシックの作曲家を、関西人にたずねれば、どうかえされるか。たいていの人は、「バルトーク」をあげないような気がする。まず、「モーツァルト」という応答が、かえってくるだろう。そして、キダ・タロー氏のことが話題となるに、ちがいない。

テレビ時代の関西人は、キダ氏の音楽になじんでいる。じっさい、多くの人気番組は、キダ氏がてがけたテーマ曲とともにある。「プロポーズ大作戦」や「ラブアタック!」などである。ラジオ番組の「ABCヤングリクエスト」なども、その例にあげられよう。

芸人の坂田利夫をはやしたてる「アホの坂田」も、多くの人がおぼえている。コマーシャルソングの「とれとれぴちぴちかに料理……」も、ひろく親しまれてきた。人によっては、揺り籠のころから聴いているかもしれない。あるいは、母のお腹にいた時代から、胎教よろしく耳にしてきたろう。

その多作ぶりが、本家のモーツァルトをしのばせるからか。あるいは、頭髪の様子が、モーツァルトの鬘《かつら》をほうふつとさせるせいかもしれない。キダ氏は、いつのころからか「浪速のモーツァルト」とよばれるようになった。テレビの「探偵！ナイトスクープ」から、この愛称は普及したと、よく言われる。嘉門《かもん》タツオが最初の命名者だと聞かされることも、なくはない。

私じしんにとっても、より若いころから聴いてきたのは、「モーツァルト」のほうである。「バルトーク」のことは、あとから教養主義的にしいれている。その意味で、このうんちくにはいやらしいところがある。

だが、私には「バルトーク」のかえりみられない現状を、せつなく感じる部分もある。大阪は、阪神間もふくめての話だが、アカデミックな音楽でかがやいた時代をもつ。そう言いたくて、また世の大阪論からは距離をおく意味でも、クラシックにこだわった。

第六章　「食いだおれ」と言われても

「食いだおれ」のたどった途

大阪の人は、食べ物の好みにうるさいと、古くからよく言われた。よそからとついできた妻は、夫たちの美食ぶりに、しばしばあきれたものである。

どこの店でだす何がたべたいと、暇さえあれば口にする。日常の食事に、ああしてくれ、こうしてほしいと言ってくる。男のくせに、いじきたない。そう大阪の家庭へはいってきたおどろく他郷の妻は、多かった。とりわけ、粗食を国民的な美徳としていた時代に、その傾向は強かったろう。

もとより、生活をたのしもうとする商人が、しかもゆたかな商人の多かった街である。禁欲の志をふいちょうしかねない武士は、江戸期にも、ほんの少ししかいなかった。他のところとくらべれば、食べ物におぼれる食道楽も、たくさんいただろう。

じじつ、大阪は一七世紀のおわり、元禄のころから、「食いだおれ」の街と評された。海上交通の拠点であり、商業の中心地であった大阪には、全国の食材があつまってくる。新鮮な海の幸にも、めぐまれた。食をたのしむという点では、内陸の京都より、立地はずっと有利になっていただろう。

ねんのためのべそえる。「食いだおれ」という言葉は、食道楽がすぎて破産にまでいたることを、さしている。食事に贅をつくし、たとえば料亭などの付けがたまり、首がまわらなくなる状態である。

だが、いつのころからか、この言葉をちがう意味でうけとる人びとが、ふえだした。食べすぎで腹をこわす。下痢になる。ほんらいの含みをわすれ、そんなニュアンスでとりちがえる人が、けっこういる。文字どおり、食べてたおれるというように。

ほんらいは、美食がすぎて家財のうしなわれることを、意味する。のちには、そんな言葉が大食で健康のそこなわれることも、しめすようになる。同じ言葉のこういう移り変わりは、社会じたいの推移にもねざしているだろう。

今は、大阪名物の食べ物が、しばしばタコ焼きで代表される時代になっている。お好み焼きやウドンまでふくむ、いわゆるコナモンをもてはやすことも、しばしばある。

単価の安いああいう食べ物で、借金がかさむことは、まずあるまい。家計があぶなくなるまで、たとえばウドンをたべつづけるのは不可能である。家が破産をする前に、胃のほうがもちこたえられなくなるだろう。いきおい、飽満《ほうまん》ゆえの腹下しということになってしまう。タコ焼きなどが名物になった以上、「食いだおれ」の語感がかわるのも、やむをえまい。

辞書がきらった「ホルモン焼き」

ホルモン焼きとよばれる料理がある。牛や豚の臓物を焼いた食べ物に、その名はあたえられている。客には、小さく切った肉片を、串へさしてだすのが、基本形だとされてきた。

作家の林芙美子に、『めし』（一九五一年）という小説がある。作中で林は、大阪の新世界、ジャンジャン横丁にならぶ店を、こうあらわした。「カイテン焼き（たいこやき）、ホルモン焼き、一杯五円の黒蜜……」と。

このころには、東京でもでまわっていたようである。坂口安吾の『安吾の新日本地図道頓堀罷り通る』（一九五一年）を読んでほしい。そこには、こうある。「浅草の『染太郎』では、よく『ホルモン焼き』というものを食わせる」、と。

さて、『広辞苑』は代表的な国語辞典だとされている。はじめて出版されたのは、一九五五年であった。だが、その初版は、「ホルモン焼き」という項目をのせていない。もう、その名は、料理じたいも世にでまわっていたが、見おとしている。あるいは、あえて黙殺をきめこんだという可能性もある。

いや、ことは初版だけにかぎらない。その第二版（一九六九年）と補訂版（一九七六年）も、この言葉をひろわなかった。『広辞苑』が収録へふみきったのは、ようやく第三版（一九八三年）になってからである。

岩波書店の『広辞苑』は、それだけおたかくとまっていたのだと、思われようか。下世話な料理の名を辞書へおさめることに、はじめのうちはためらったのだ、と。

だが、講談社の『日本語大辞典』は、ホルモン焼きを、もっとつめたくあしらった。初版は一九八九年に出版されているが、まだこれを掲載していない。まあ、一九九五年の第二版は、新しい語彙としてつけくわえたが。

いずれにせよ、国語辞典はホルモン焼きを、なかなか国語としてみとめようとしなかった。おりめただしい日本語だとは、考えなかったのである。

二〇世紀のはじめごろまでだと、牛や豚の臓物を食材につかうことは、なかったろう。それらは肉料理に、まったくいかされず、すてられていた。大阪弁風に言えば、みな「ほるもん」＝「放る物」だったのである。ホルモン焼きという言葉の語源じたいが、この「ほるもん」だったとも言われている。

ほんとうに、この語源説であっているのかどうかは、わからない。ただ、どうやら「放る物」の大阪訛りらしいと、取り沙汰されてきたのはたしかである。辞書の編集者にも、このもっともらしい説はとどいていただろう。

国語辞典が、収録に二の足をふんだのは、大阪弁だとみなされたせいかもしれない。

ホルモン焼きは豚の臓物焼きなのか

日本に牛や豚の臓物を焼いて食べる習慣はなかった。しかし、韓国、朝鮮には、そのならわしがある。おそらく、その影響をうけて、二〇世紀のなかばごろから日本でもひろまったのだろう。

ただ、あちらに「ホルモン」という名はなかった。臓物の焼肉に、この名をそえたのは、日本側であったろう。カタカナ表記としたのは、動物がだす生理活性物質《ホルモン》の名に、あやかってのことか。滋養によさそうな気配を、舶来の響きでかもしだすことだって、ねらわれたかもしれない。

西洋にも、臓物までふくむ肉食の伝統はある。だが、それらをホルモン焼きとよぶことはない。ちなみに、英語では、内臓あぶり (broiled innards) や臓物の丸焼き (barbecued entrails) といった言葉で、しめされる。

ねんのため、いくつかの和英辞典で「ホルモン焼き」の英訳を、たしかめた。おどろくべきことに、たいていの辞典は、これを豚の臓物焼きとして訳出している。broiled pig innards, barbecued pig entrails というように。

じっさいには、豚だけでなく牛の臓物を焼いて食べることもある。だが、多くの和英辞典は豚＝ピッグにかぎった臓物焼きとして、あつかっている。

いや、ことは和英辞典だけにかぎらない。日本語の国語辞典も、「ホルモン焼き」の語釈を豚の臓物焼きだとしるしている。牛に言及した辞典を、私はひとつも見つけることができなかった。「豚など」、あるいは「豚・鶏など」としたものも、なくはなかったが。

ここに、一九七三年の談話記録をひとつ紹介しておこう。大阪食肉臓器卸事業協同組合の相談役をつとめていた、小川治良吉氏の証言である。

「大阪はホルモンいうて牛の内臓を使ってるけど、東京はホルモンとはいわんようですな。そして牛ではなくブタばかり」（鈴木二郎『浪花聞書』一九七三年）

東京は、もっぱら豚の内臓をつかってきたという。辞典が国語、和英を問わず、しばしば豚のみの料理としてきたのは、そのためである。それらを刊行した東京の出版社は、東京だけの事情で語釈と英訳をまとめてきた。本場は大阪なのに。

国語のありかたは、やはり東京できめられるということか。いや、英語への翻訳までふくめて、首都の食習慣に左右されるようである。大阪側としては、牛もたべるぞと言いたいところだろう。しかし、辞書に口をはさむ権利は、あたえられてこなかった。

ホルモン焼きの語源を大阪弁の「ほるもん」とする説には、否定的な人もいなくない。だが、私は辞書類の無理解から、大阪弁の源流説を、かえって信じたく思っている。

うけいれられた「ほるもん」説

ホルモン焼きの語源が、大阪弁の「ほるもん」だったのかどうかは、わからない。「一説に、かつて臓物は捨てていたので、……ほうるもん（放物）』に由来するという」。語源にくわしい『日本国語大辞典』（第二版）もそうのべるにとどめている。正しい説としては、紹介しきれなかったのである。

牛や豚の内臓には、滋養強壮のたすけとなるホルモンがふくまれる。そんな印象をかもしだしたくて、この名はつけられた可能性もある。「ほるもん」という語源説は、あとでひねりだされたこじつけだったのかもしれない。

ただ、たとえそうであったとしても、こういう付会説の浮上したことは、重要である。

「一説」として、多くの人びとに語られだしたことは、あなどれない。それは、ホルモン焼きが「ほるもん」をあつめた料理に見えたことを、しめしている。だからこそ、この「一説」は世にひろがったのだろう。

周知のとおり、二〇世紀の大阪は工業都市に変貌した。街のあちこちへ、工場がたちならぶようになっている。と同時に、日本全国から、そこではたらく労働者たちがあつめられた。いわゆる韓国併合以後は、半島の人びとも大阪へおくりこまれたのである。

日本へやってきた彼らは、肉の臓物を焼いた食べ物にもなじんでいた。日本人がそれまですてできた食材を、口にすることができたのである。しかも、それらは廃棄物とされてきたため、安価にあがなえた。ホルモン焼きの原形とおぼしき肉料理も、低予算で提供できるようになったのである。

安さの魅力は、臓物になれない日本の労働者をも、ひきつけただろう。工業都市の大阪で、こういう料理のなりたったことじたいは、よくわかる。

ただ、食いだおれを自負するグルメの大阪人は、違和感をいだいたろう。あんなのは、「ほるもん」でできた料理や。そうさげすみもしたのではないか。

食通による負のレッテル＝「ほるもん」を、「ホルモン」とよびかえたのか。それとも、調理人側の「ホルモン」という命名が、「ほるもん」とからかわれたのか。その経緯は、よくわからない。いずれにせよ大阪は、当初見下されたただろうこの料理を、うけいれた。

これをきらうような食事にうるさい大阪人の多くは、阪神間の山裾へうつりすんでいる。大阪には労働者の子孫が残ったということか。

タコ焼きが「代表」なんて……

ここ数年、日本にやってくる外国人観光客の数が、たいへんな勢いでふえている。大阪も同じで、とりわけ道頓堀の戎橋《えびすばし》界隈には、おおぜいの旅行者がむれつどう。

先日、あのあたりをとおりすぎ、おどろいた。タコ焼き屋の前に、長い行列ができている。のみならず、ならんでいる人びとの多くは、外国語をしゃべっていた。さらに、そんな列は、特定の一店だけでなく、いくつもの店先にできている。

どうやら、タコ焼きは大阪を代表する名物になっているらしい。それは、国際的な評判さえ、勝ちとるまでになっている。私は太左衛門橋から御堂筋へいたる二百数十メートルほどで、そのことを認識した。

タコ焼きそのものを悪く言うつもりは、さらさらない。私にとっても、好物のひとつとなっている。我が家にも、家庭用タコ焼き器の備えはある。

しかし、それはどう考えてもファスト・フードの一種でしかない。店で買ったものを路上でぱくつくことも、大目にみてもらえる。よく言えば庶民的な、悪く言えば……いや、悪いほうは言葉をつつしもう。とにかく、これに大阪を代表させていいのかと、私などはためらう食べ物なのである。

かつて、大阪は食いだおれの街だと、言われていた。市中の食通たちがグルメぶりをほこり、料亭の板前も、おのずと腕をみがくようになる。腕によりをかけた料理の数々で、舌のこえた旦那衆をうならせる。そんな街だと、自他ともにみとめてきたのである。食道楽がこうじて、身上をつぶす者もいると、言われたほどに。

そういう要素が、今の大阪から姿をけしたわけではない。だが、このごろは、やや後景にしりぞいている。そして、庶民の味が、かわって前景へうかんできた。ホルモン焼きやタコ焼きが。まあ、タコ焼きの食材まで「ほるもん」だったとは、言わないけれども。

食いだおれの大阪にたいし、京都は着だおれの街だと、以前から言われていた。食事はつましいが、身なりには贅をつくすところだ、と。そんな京都の和食が、今はユネスコの無形文化遺産として喧伝されている。いずれは、グルメの本場めいた地位を、大阪からうばっていくかもしれない。

近代の大阪は工業都市に変貌し、全国から労働者をあつめてきた。彼らの胃袋を低コストでみたす料理も、あれこれこしらえている。タコ焼きの浮上は、その必然的な帰結であろう。あるいは、ホルモン焼きも。私はそちらばかりに注目があつまりやすいことを、大阪のために、少し悲しく思っている。

接待は京都

札幌にも仕事場をもっている大阪の知人から、ちょっとせつない話を聞かされた。某日、北海道の仲間が、関西旅行で京都と大阪をおとずれたのだという。仕事ぬきの、純粋な物見遊山であったらしい。知人も、案内役ということで、その旅には一日つきあっている。

まあ、聞いて下さいよと言いながら、彼はその体験談を披露してくれた。北海道からきた旅行者たちは、京都の南禅寺あたりで湯豆腐を食べている。けっこう値のはる料理だが、彼らは満足気に舌鼓をうちつつ、たいらげた。さすがに、京都の味覚は品があると、食後も語りあっていたらしい。

京都をあとにした彼らは、つづいて大阪へむかっていく。大阪では、何が食べたいか。

そうたずねた知人に、彼らはタコ焼きを所望したそうである。大阪へきた以上、やはりタコ焼きははずせない。いい店を紹介してくれないか。異口同音に、そんな返事がかえってきたというのである。

ガイド役をつとめた彼も、自分の知っているタコ焼き屋へ、彼らを案内した。京都の湯豆腐同様、一同は満足したらしい。しかし、知人はその時、強いわだかまりをいだいたと、私につげてくれた。

あんまりやと思いませんか。京都へきたら料亭の湯豆腐やのに、大阪ではタコ焼き。みんな、どんだけ大阪をみくびってんねんって、そう思いますよ。

大阪にも、もちろん食通をうならせる店はある。しかし、それらは知る人ぞ知るという状態で、営業をつづけてきた。京都の店とちがい、全国区の雑誌などで紹介される機会は、それほどない。告知という点にかぎれば、京都のほうがめぐまれている。

大阪の企業には、東京から経営者や重役の出向しているところが、けっこうある。そういうトップたちは、夜の会食という話になれば、京都へでかけたがりやすい。接待は京都でということに、なりがちである。

他県や海外の顧客をもてなすさいには、その選択も一定の効果をもつと思う。グルメ情報などで宣伝のゆきとどいた京都をよろこぶ御得意様は、多かろう。宴席に芸舞妓らがはべれば、接待としても言うことがないのかもしれない。

しかし、自分の下ではたらく大阪の人たちが、どんな気持ちをいだくか。少しは、考えてもいいような気がする。うちの社長、東京もんやろ。なにかというと、京都へいきたがるんや。大阪にかて、うまい店は、なんぼでもあるのにな。そんな声を聞けば、社員の人心掌握については、問題もありそうだと感じるが。

くいだおれ太郎の狙い

かつて、大阪の道頓堀では、「くいだおれ」という会社が外食のビルをてがけていた。一階から八階までの全階に、食堂や居酒屋、そして割烹店などをならべたビルである。二〇〇八年から、同社は飲食にかかわるビジネスを停止した。それでも、多くの人は、「くいだおれ」の光景を、おぼえている。

記憶にやきついているのは、ビルの一階正面にあった人形のせいである。はでな衣裳に身をつつみ、太鼓をたたくその姿は、チンドン屋をしのばせた。「くいだおれ太郎」とよばれ、あの界隈でもめだっていたものである。

道頓堀を紹介するテレビの画面も、よくこの「太郎」をとりあげた。あのあたりを代表する街の顔にも、なっていただろう。いや、大阪そのものを象徴する、アイドルでもあった。

今、「くいだおれ」は、外食産業から身をひいている。しかし、「太郎」のキャラクター展開はやめていない。さまざまな事業者に、マスコットとしてかしだすマネジメント業は、つづけている。人形の訴求力じたいは、うしなわれていないということか。

「太郎」が道頓堀にはじめてその姿をあらわしたのは、一九五〇年であった。まだ、ビルをたてる前、食堂が発足してまもないころから店先をかざっている。

チンドン屋風の人形に、まずひきよせられたのは、当時の子供たちであったろう。子供のよろこぶあの店へでかけ、家族みんなで食事をたのしみたい。そんな家族づれをいざなう務めが、「太郎」にはたくされていたと考える。

じつは、同じ一九五〇年に、東京でも銀座の不二家が、店先へ人形をおきだした。「ペコちゃん」である。ここでも、子供を不二家へさそいこむことがねらわれた。高級洋菓子店であった不二家は、これで規模の拡大にのりだしたのである。

それまでの飲食業は、子供を主たる消費者としてはみなしてこなかった。外食は、大人だけの楽しみだったのである。だが、二〇世紀の中葉には、子供へねらいをさだめた店が浮上した。子供の言うことも聞いてやろうとする、戦後的な家族像にあわせた営業が。「食いだおれ」という言葉は、大人の食道楽をほんらいさしていた。そんな言葉は、「太郎」のいる店が名のったことでも、意味をかえていったろう。グルメというもとの含みをうすめる、その一翼ぐらいは、ここもになったような気がする。

あの人形をとりはずせ

「くいだおれ」は、一九四九年に大阪の道頓堀で創業した。しかし、その当初から八階建てのビルをもうけていたわけではない。はじめのうちは、こぢんまりした建物で、食堂をいとなんでいた。ビルをたてたのは、一九五九年、創業の十年後である。

ビルの建設にさいしては、銀行からの融資をうけていない。「くいだおれ」は、銀行をたよらずに、事業の拡大へふみきった。

銀行に依存しなかった理由は、はっきりしている。当時、「くいだおれ」がつきあっていた銀行は、店頭の人形に難色をしめしていた。

あれをのこすのなら、金はかさない。融通をしてほしいなら、新しいビルからは人形をとりはずせ。そんな条件も、店は銀行からつきつけられていた。そして、「くいだおれ」は、けっきょくこれをはねつけ、自前で資金を調達したのである。

のちに、人形の「くいだおれ太郎」は一大マスコットとなっている。通天閣や大阪城なみの、大阪を代表するシンボルにもなりおおせた。飲食業のほうはやめても、キャラクターとしての営業はつづけられるまでに。

だが、そこまでの可能性を、一九五九年段階の銀行は、まだ見ぬけていない。融資元は、「太郎」を大人げない玩具としてしか、とらえていなかった。日本社会が、キャラクター・ビジネスに気づくのは、もう少しあとになってからである。

じっさい、「太郎」じたいが世の耳目をあつめだしたのは、いわゆるバブル期からだろう。そして、関西国際空港ができた一九九四年には、もう偶像化されていた。開港直後の関空から、「太郎」がしばしば海外へとびたっていたことを想いだす。大阪からの、ちょっとした親善使節として。

「くいだおれ太郎」という名前がつけられたのも、このころではなかったか。それまでは、「くいだおれ」の人形というふうにしか、よばれていなかったと思う。

もとは、子供をひきつけるために、店頭へ設置された人形である。銀行からも、あなどられていた。あんなものは、子供だましの景物《けいぶつ》だ、と。その「太郎」に、大阪を世界へ印象づける役目が、今はあたえられている。それだけ、現代社会は幼児化したのだろうか。

いずれにせよ、「食いだおれ」という言葉は、今日しばしばあの人形を想いおこさせる。グルメにうつつをぬかす食通のことは、やはり脳裏をよぎりづらくなっているようである。

御堂筋より道頓堀

御堂筋ぞいのオフィスビルは、高さがけっこうそろっている。たいそうととのった街並みが、淀屋橋から心斎橋までは、つづく。日本のオフィス街で、これだけ整然としたところは、他にないだろう。まあ、このごろはビルの高さ規制がゆるめられ、ややくずれだしているような気もするが。

しかし、この美しい街区を大阪の顔として紹介するメディアは、あまりない。大阪案内の本などが、きそってとりあげるのは道頓堀のほうである。

たがいに形をそろえて、調和のとれた街並みをつくろうとする気が、まったくない。てんでばらばらな恰好のビルが林立する。そんな道頓堀を、多くの人は大阪の代表的な界隈として、位置づけてきた。

大阪には、誰も秩序だった景観、御堂筋のようなそれを期待しない。雑然とした道頓堀に、大阪らしさを感じてしまう。どうして、そんな大阪観が定着してしまったのかは、あらためて検討されるべきだろう。しかし、こういうステレオタイプができていることじたいは、いなめない。

道頓堀には、にぎやかな構えの飲食店が、たくさん軒をつらねている。なかでも、巨大なフグをつるした店や、店先にうごくカニをおいた店は、めだつ。

そんな光景を大阪的だと思いこまされた者は、大阪の食文化をどううけとるか。失礼な言い方になるが、奥深い食通のつどう様子は、やはり想像しづらかろう。どうしても、わかりやすい看板で客をまねくところといった印象に、なってしまう。

道頓堀のなかでも、とりわけきわだつのは、グリコの広告である。これなども子供っぽい大阪像をあおってきたろうか。ここまで、「くいだおれ」のおさなさを、いろいろ論じてきた。しかし、あそこだけが、童心にうったえてきたわけではないのである。

そもそも、グリコは子供むけの菓子を売ることで、成長をとげてきた。キャラメルのおまけなどをとおして、販路をひろげた企業にほかならない。

ジャンケンのグーで、「グリコ」と言いつつ三歩すすむ。あの遊戯は、関西圏をこえ、全国つつうらうらにつたわった。子供の世界では、「チヨコレエト」や「パイナツプル」とならぶ存在になっている。その圧倒的なひろがりを、あなどるべきではない。子供の心をつかむことも、またたいへんな仕事なのだから。

さて、このごろは、いろいろな組織が、いわゆる着ぐるみで宣伝をするようになっている。官公庁や大学まで、ゆるキャラの工夫に血道をあげだした。幼児化は現代日本の趨勢である。道頓堀は、その先進地帯でもあったということか。

本場は大阪だったのに

腕のたつ板前には、おのずとそれなりの評判がたつ。私は京都の近郊で生まれそだったが、京都の料理人についてもいろんな噂を聞かされた。こんな風説を小耳にはさんだことも、若いころは何度かある。

「あそこの料理おいしいやろ。板前さん、大阪で修業しはったんやて」

大阪で料理の勉強をした。だから腕はたしかである。そうはやす声は京都でも、半世紀ほど前までなら、時にとびかった。

どの料理屋ではたらく誰についての風評なのかは、いちいちおぼえていない。だが、大阪での訓練を評価する声には、聞きおぼえがある。食いだおれの大阪は、その点に関するかぎり一目おかれていた。排他的で自尊心が強いとされる京都人も、食文化については大阪をうやまっていたのである。

大阪と京都では、食材供給の条件がちがっていたと、よく言われる。大阪は海に近く、海上交通の要衝でもあり、海産物にめぐまれた。豊富な海の幸を、新鮮なまま包丁でさばき、食卓へだすことができる。だが、内陸の京都では、それがのぞめなかった。料理の技をみがくことに関しては、だから大阪のほうが有利だったとも、聞かされる。

だが、工業都市大阪の発展は、大阪の近海をよごしていく。魚介類の産地としては、多くをのぞめない海にした。また、交通網、鉄道やトラック輸送の発達も、大阪と京都の差をちぢめだす。京都でも、そこそこには新鮮な海産品のたべられる時代が、到来した。

なにより大きかったのは、冷凍技術の向上であろう。これにより、鮮度の高い食材も、飛躍的に保存しやすくなった。アメリカやカナダあたりのマグロでも、飛行機で新鮮なまま日本へはこぶ。そんなことまで、できるような世の中になったのである。

食文化における大阪の優位をたもたせていた条件は、ほとんどなくなった。食材供給に関しては、京都も大阪とかわらない環境を、そなえるにいたったのである。

食材の運搬もふくめ、産業技術的には、両都が同じ水準をたもつようになった。こうなると、京都の文化的な下地が物を言うようになってくる。千年の都でとぎすまされたなどという言葉が、あるいは幻想も、京都の値打ちを高めだす。

大阪での修業が、京都でも板前の看板になった時代は、すぎさったのか。私としては、大阪にもがんばってほしいのだが。

第七章　アメリカの影

「自由の女神」は大阪から

大阪では、屋根に「自由の女神」があしらわれたビルを、よく見かける。パチンコ店やラブホテルの屋上へすえつけられたそれもしばしば目撃する。

ずいぶん前に、アメリカ人を案内しておどろかれたことがある。どうして、ニューヨークの女神が、大阪ではあちこちにあるのか。それに、いくつかの女神はギャンブル・ハウスにのせられている。聞けば、セックス専用ホテルの装飾になっている女神も、あるんだって。いったい、この街でくらす人は、アメリカのシンボルを、どう思っているのか、と。

大阪だけが、女神像をおいているわけではない。他の街にも、それはある。東京のお台場には、そうとうりっぱなものが、設置されている。

しかし、その点数では、他の街より大阪のほうが多かろう。大阪の光景がきわだつことは、たしかだと思う。いぶかしがるアメリカ人がでてくるのも、やむをえまい。まあ、おもしろがるアメリカ人だって、少なくないのだが。

生野区に源ヶ橋温泉という風呂屋がある。一九三〇年代のなかごろに、たてられた。大阪の近代建築を案内する本では、よく見かける。建築好きには、けっこう知られた銭湯である。

その二階、玄関口の上に、二体の女神像がある。まるで、入浴客をむかえいれるかのように、左右へわかれたっている。どこかで、狛犬《こまいぬ》を意識しているのだろうか。いずれにせよ、それらはこの公衆浴場ができた時から、もうけられていた。

さて、ニューヨークの女神は、「自由の松明《たいまつ》」を、上空へかざしている。しかし、ここの女神たちはちがう。彼女らがもちあげているのは、地図の温泉印を型どった細工物である。ねんをおして言えば、「♨」のマークを高だかとかかげている。

ニューヨークの女神は、そこが「にゅうよく」、つまり入浴の場であることをさししめす。語呂あわせの小道具として、つかわれた。「♨」ともども、この建物が浴場であることを、見せつけているのである。

日本で最初に女神像がしつらえられたのは、ここだろう。大阪でよく目にするのは、この地が、その設置で全国にさきがけていたためか。

じつは、この像、さきの太平洋戦争にさいしても、そのまたもたれつづけている。鬼畜米英と言いたてた時代でも、同じ場所に温存された。憲兵たちは、見おとしたのだろうか。

私はこれを、戦時におけるささやかな日米の架橋としても、ながめている。不信感をいだくアメリカ人には、いつもそう語ってきたしだいである。

東大阪のホワイトハウス

ミカミ工業という会社を、ごぞんじだろうか。何年か前までは、建築装飾をてがけていた。東大阪の高井田に本社のある会社である。

社屋は、アメリカの大統領官邸に似せてある。ホワイトハウスそっくりにできた建物である。高井田のホワイトハウスと聞いて、ああれかと思う人も、少なくないだろう。ねんのため書くが、建物のサイズは手本のホワイトハウスより、ちぢめられている。形は酷似しているが、大きさは三分の二ぐらいといったところか。

経営者が、まったくの道楽で、こういう社屋をたてたわけではない。この建物は、洋館の部材をアピールする、会社の広告塔にもなっていた。門、扉、手すり、円柱などといった同社の商品を、路上の人びとへ見せつける。建物じたいが、そのショー・ケースになっていた。ミカミ工業のホワイトハウスは、自社製品をくみあわせてこしらえた社屋なのである。

アメリカの政府筋から、文句はこなかったのか。そう心配されるむきも、おられよう。しかし、その点はだいじょうぶ。建築の形に、肖像権や意匠権はない。コピーは合法的である。

のみならず、合衆国政府じたいも、大阪のホワイトハウスをおもしろがっていた。社屋の竣工式は、一九八四年に挙行されている。そして、これには、大阪のアメリカ総領事館からも参列する者がいた。同館の副総領事が出席し、テープカットにも、くわわっている。いや、それだけではない。ホワイトハウスの図面も、ここの設計にさいしては、かしあたえていたと聞く。

ここまで、模造された「自由の女神」を、あれこれ論じてきた。じつは、その多くが、このミカミ工業によって製作されている。

売れたのは、創業まもないバブル期であったという。ポリエステル強化プラスチックでできた女神像の注文が、一時期はよくあったらしい。まあ、依頼の多くは、パチンコ方面からきたのだが。

ねんのためしるすが、複数のチェーン店をもつ特定の一業者からたのまれたのではない。どのパチンコ店も、「自由の女神」をグループのシンボルマークにしようとはしなかった。

それぞれ独立のさまざまなパチンコ店から、ミカミ工業は要請をうけている。それだけ、彼らはバブル期に、業界をあげて女神像をよろこんだということか。とはいえ、その注文ものちには激減した。今のミカミ工業は、建築装飾事業じたいをやめている。

いずれにせよ、大阪市中に「自由の女神」は、まだのこる。この光景を不思議そうにながめるアメリカ人も、いなくはない。そういう人とであったら、こう言ってみてはどうか。あれは合衆国総領事公認の会社が、こしらえたんですよ、と。

地上におりた女神像

大阪・難波に、半裸の女神像がある。髙島屋大阪店前の広場に、それはもうけられている。日高正法という彫刻家が、大阪市などの依頼で一九五〇年に制作したブロンズ像である。

もともとは、現在地より八百メートルほど北へいったところに、おかれていた。大丸心斎橋店前の南東角が、最初の設置場所である。そのころは、四本の円柱がささえる、八メートル近い高さの天蓋《てんがい》上に、たっていた。大丸の三階あたりで、路上をゆく人びとに、その姿を見せていたのである。

敗戦後に、平和をねがって、この像はこしらえられている。円柱と天蓋もふくめ、「平和の塔・女神像」と名づけられていた。

だが、一九七三年に、この像は戎橋の北東角へうつされている。大丸が店舗の拡張へふみきり、外壁をおしひろげたためである。その戎橋でも、二〇〇四年からは架け替えの工事がはじまった。像は撤去され、しばらく大阪市の倉庫でねむることになる。今の髙島屋前広場へは、市民有志の声におされ、二〇〇九年から姿をあらわした。

もう、円柱と天蓋にはささえられていない。ごく一般的な台座の上に、それはのっている。大丸前から髙島屋前へ移動するとともに、女神は地上へおりてきたということか。まあ、降臨の作業じたいは、戎橋時代に完了していたのだが。

女神人気の最盛期は、なんといっても一九五〇年代であったろう。敗戦後の大阪にあって、「平和の塔・女神像」は、ランドマークとなっていた。高い建物がまだ少ない時代であり、けっこうめだっていたと思う。ここが、カップルの待ち合わせ場所になっていたという昔語りも、しばしば耳にする。

女神は右手を上にかざし、松明めいたものをもっていた。胸の露出をのぞけば、「自由の女神」をしのばせなくもない姿である。平和の象徴は、どこかで占領軍を代表するアメリカの象徴に、あゆみよっていたろうか。下から見あげたカップルたちも、女神像にニューヨークを想いえがいたような気はする。

「自由の女神」は、バブル期前後からパチンコ店の頂部に、かざられだした。ラブホテルをいろどるものも、ちらほら見かけたものである。

「平和の塔・女神像」の記憶も、後者のそれらをあとおししていたかもしれない。カップルが、下から「自由の女神」めいた像を、心斎橋でながめつづけてきた。その想い出がラブホに……罰あたりな想像を、もうしわけなく思う。

うしなわれたアメリカ文化を保存して

ビリケンは、大阪・通天閣のマスコットである。足の裏をなでると、御利益がある。そんな評判もあって、おおぜいの人がここにはやってくる。とりわけ、受験生には人気があるという。

これを、大阪のシンボルだと考える人も、少なくない。そう言えば、新世界を舞台として、『ビリケン』という映画がつくられたこともある（一九九六年）。二〇〇五年には、「なにわの文化・観光交流大使」となってもいる。その称号とともに、東京へもちだされたことは、記憶に新しい。

大阪を代表するキャラクターとしても、ひろくみとめられている。その点では、「くいだおれ太郎」なみになっていると言うべきか。ただ、あの人形とちがい、国際的な舞台では、まだ活躍をしていない。私は、アメリカへいって、その存在感をアピールしてほしいと、考えているのだが。

とうとつに、アメリカをもちだし、読者はとまどわれたろうか。これには、訳がある。ビリケンは、もともとアメリカではやりだした愛玩人形にほかならない。シカゴのさる彫刻家が、女性らしいけれども、発案した。夢のなかにでてきた精霊を、彼女がそのまま造形したのだと、言われている。通天閣の説明によれば、一九〇八年のことであったらしい。

なぜか、幸運のシンボルとして、ひところアメリカでヒットした。日本へも、ほぼ同時期にもちこまれている。

大阪では、旧ルナパークの開園にさいし、これを園地でまつることとなった。園内にもうけたビリケン堂へ、千客万来の招福人形として、しつらえたのである。招き猫や福助にかわる、その舶来版として。一九一二年のことであった。

なお、今の新世界は、このルナパーク跡地にひろがる界隈である。その新世界に、通天閣はたっている。閣内のビリケンは、ルナパークの先輩を継承しているとみなせよう。ただし、両者のあいだには断絶もある。

ルナパークは、一九二三年に閉鎖された。以後、ビリケンは行方がわからなくなる。今のビリケンは、その代替品。戦後に再建された通天閣が、往時をしのぶためにあつらえた像である（一九七九年）。一時は下火になっていたビリケンの人気も、この復活でよみがえった。

アメリカでも、二〇世紀のなかばごろまでは、そこそこ愛玩されていたという。アメリカ映画の『哀愁』（一九四〇年）にも、マスコットとして登場する。当時は、彼国でも人気のとだえていなかったことが、しのばれる。しかし、今はすっかりわすれられているだろう。

だからこそ、私は大阪のビリケンに渡米をすすめたい。うしなわれたアメリカ文化が、大阪でうけつがれていたことを、しめすために。

政治とビリケン

ビリケン人形は、はじめアメリカでつくられた。ある彫刻家の作品がマスコット化され、世界中でもてはやされるにいたっている。そんなはやりものが、大阪にもとどいたのだと、さきほど私は説明した。

だが、アメリカでの成立事情については、もう少しおぎなっておきたい話もある。また、ビリケンという命名のいきさつも。

一般的には、一米国人作家の創案だとされている。しかし、似たような形の人形は、アメリカの先住民が、古くからつたえてもいたらしい。作家の仕事は、これをマスコット化しやすい形へ加工した点にあったと言うべきか。

先住民、イヌイットたちは、人形のことをベリケンとよんでいた。これがなまってビリケンになったのだと、そうしるす文献もある。

彫刻家が作品として提示したのは、前にものべたが一九〇八年のことであった。じつは、その翌年に、アメリカでは新しい大統領がえらばれている。ウィリアム・タフトである。

このウィリアムという名は、ビリーと、愛称でよばれることもある。人形は、ビリーの国から世界へひろがったのだと、言えないこともない。ベリケンがビリケンにあらためられたのは、そのせいだろうか。

ビリケンの「ケン（ken）」は、接尾語として、小ささをしめしもする。ビリーケンで、ビリーちゃんといった響きにも、なりうる。いずれにせよ、ビリケンの名は、もっぱらアメリカ側の事情でうかびあがったようである。

ビリケン人形は、一九一〇年ごろに、日本へつたえられた。一時的には人気をよんだが、やがてその流行も下火となる。一因は、日本政治史のひとこまにあったかもしれない。

一九一六年に、日本では寺内正毅《まさたけ》が首相となった。写真を見ると、頭に毛がなく、しかもそのてっぺんは、少しとがっている。ビリケンとよく似た顔立ちの首相ではあった。そのため、寺内は「ビリケン閣下」「ビリケン宰相」とはやされるようになる。

だが、元帥陸軍大将でもあった寺内の権勢ぶりは、すぐに「非立憲《びりけん》的」ときらわれた。「ビリケン」は、「非立憲」につうじるとされたのである。ビリケン人気は、横暴な政治家の通称となったことでも、低下したろうか。

タフト大統領が高めた人気を、日本の寺内首相がくずしていく。私は、なかなかあじわいのある日米文化交渉史だと思っているのだが、どうだろう。

銀座から新世界へ

ビリケン人形と聞けば、たいていの人は通天閣に鎮座するそれを、想いだす。ただ、このごろは一般の商店が土産物として売っているものも、まま見かける。ふつうの家庭や店舗におかれるビリケン人形も、ふえているのではないか。

とはいえ、一九一〇年代の流行ぶりとくらべれば、まだまだ普及の度合いはかぎられる。じっさい、明治末期から大正初期にかけて、あの人形はたいへんなブームをかきたてた。いや、人形がよくでまわっただけではない。ビリケンは広告の図柄としても、新聞や雑誌にしばしば顔をだしていた。

たとえば、味の素が「ビリケン曰く……」という口上で、自社製品の良さをつたえている(『東京日日新聞』一九一二年二月十三日付)。『時事新報』は、ビリケンも愛読する新聞だと、雑誌の広告でうったえた(『楽天パック』一九一二年六月十五日号)。

また、人形以外のグッズも、たくさんこしらえられている。ビリケンメダル、ビリケンボタンなどが。なかには、ビリケン漬と銘うった食品さえあった。

大阪だけで、評判になったわけではない。さわぎは、むしろ東京のほうが大きかった。とりわけ、花柳界では絶大な人気をよんでいる。招福人形としての効能では、招き猫や福助以上の期待がよせられたのである。

銀座の光明堂という西洋雑貨店では、輸入物のビリケン人形が店頭におかれていた。ショーウインドウをかざる、目玉の景気づけにもなっていたのである。のみならず、それは東京・銀座の名物だとさえ、言われていた（平野威馬雄《いまお》『銀座の詩情』一九六六年）。

寺内首相を「ビリケン」とむすびつけたのは、新聞記者の小野賢一郎である。小野は、光明堂のビリケンを目にした直後に寺内を見かけ、この綽名《あだな》を思いついたという（『明治・大正・昭和』一九二九年）。

前に、寺内への反感がビリケンの評価をおとしたと、そう書いた。しかし、より決定的だったのは、同じくアメリカ渡来のキューピーであろう。かわいらしいキューピーの人気が、一九二〇年代に不気味なビリケンを駆逐したのである。

さきほどのべたとおり、大阪ではビリケン人気が、いくらかよみがえりだしている。まだ、一九一〇年代の東京でピークをむかえたころとは、くらべるべくもない。ただ、東京の銀座から大阪の新世界へ、活躍の舞台をうつした点は、特筆しておこう。ノスタルジーに生きる新世界は、銀座がすてたものをひろっていたのである。

重層的にアメリカは

大阪・難波のなんばパークスは、もともと野球場だったところにできている。かつての大阪球場をこわして、今のショッピングモールは建設された。高齢の野球愛好家なら、おおるたびに、南海対西鉄戦などを想いおこそうか。

そのメモリアルとなる敷石をおいた小広場が、このモールにはある。ホームベースとピッチャーズプレートをかたどった石板が、そこにはうめこまれている。まあ、ショッピングの客は、ほとんど気にとめていないような気もするが。

さらに歴史をさかのぼれば、そこは大蔵省（現財務省）の敷地となっていた。タバコの専売局が、おさえていた土地である。

敗戦後には、占領軍の意向もあり、その有効利用がはかられた。さまざまな提案がだされたけれども、けっきょく野球場をもうけることになっている。当時、プロの球団をもっていた南海電鉄のスタジアム建設案が、みとめられたのである。

裏話めくけれども、そのころ大阪の占領軍には、マーカット少将という野球好きがいた。そのマーカットが、南海のために、いろいろ便宜をはかったらしい。

しかし、そういう個人的な配慮だけで、ことがうごいたわけではないだろう。アメリカを中心とする連合国は、占領地の日本にもアメリカ文化をとどけようとした。プロ野球が日本で普及することも、よろこんであとおししたのである。ひょっとしたら、それが日本の民主化につながるとさえ、思っていたかもしれない。

東京の話だが、戦前の神宮球場は、職業野球に門戸をとざしていた。明治天皇をまつる明治神宮の外苑に、もうけられた球場である。この神聖な場所を、いやしい職業野球の徒などに、つかわせてはならない。大日本帝国時代の人びとは、野球関係者もふくめ、そう考えていた。

だが、はやくも一九四五年に、戦後初となるプロ野球の試合が、神宮球場ではじまっている。東西対抗戦である。その開催をみとめたのは東京の占領軍であった。日本のプロ野球は、アメリカの手で、戦前の因習から解放されてもいたのである。

くりかえすが、もう大阪球場はない。戦後のアメリカニズムは、いったんきえさった。しかし、今のショッピングモールは、典型的なアメリカンタイプのそれになっている。時をこえ、あそこにはさまざまなアメリカが影をおとしているのである。

KinKi Kidsは気にしない

南海ホークスの話を、つづける。敗戦後、一リーグ時代に最強をほこったのは、この南海であった。一九四六年から一九四八年の三年間で、二度ペナントを勝ちとっている。ただ、野球史の記録によっては、一九四六年の優勝球団を「近畿」とするものもある。これを、しかしあやしむ必要はない。南海電鉄は、戦時の企業統合で、一時期近鉄となっていた。配下の球団は近畿日本軍。これが戦後も、一九四七年五月末までは、近畿グレートリングとしてたたかっている。

この「グレートリング」が、占領期にアメリカ人の観客から、しばしばわらわれたらしい。「アメリカでは女性の性器を俗語でそういっている」。その名を占領軍の米兵は、「大声で囃《はや》し立てた」。こんな状態のままでは、まずい。だから、球団名を南海ホークスにかえたと、球団史には書いてある（『南海ホークス四十年史』一九七八年）。

「グレートリング」に、そんな含みがあったのかどうかは、しらべきれなかった。私などは、男根をしめす「リンガ」とまちがわれたような気もするが、それもわからない。

ただ、英語圏の観客には、「近畿」という場内アナウンスも、おもしろがられたろう。じつは、英語に「キンキ」という言葉があり、性的な変態、倒錯を意味している。綴りはKinkiとちがいkinkyだが、発音はかわらない。球場のマイクが「キンキ」とコールをすれば、それだけで米兵たちはわいたろう。「グレートリング」がなんであれ。

近畿日本ツーリストという旅行会社がある。近鉄系列の組織だが、海外での英語表記はKintetsu International Express。「キンキ」は、名のっていない。変態むきの旅行代理店だと、かんちがいをされたくないからだろう。

ひところまで、近畿大学は英語の名称も、Kinki University にしていた。英語圏では、けっこう話題になっていたらしい。〝Kinki University〟としるされたグッズを、おもしろがって買いにくる。そんな学生も、いたと聞く。

国際化の時代をむかえ、大学側も事態をうれえたのだろう。さいきん、英語の大学名を Kindai University に変更した。

英米人の前で、「キンキ」をはばかり改名する。そんな方針転換の起源は、占領期の近畿グレートリングにある。南海ホークスから、はじまった。ところで、近畿財務局や近畿運輸局は、英語名をどうしているのだろう。

そう言えば、芸能界にも KinKi Kids《キンキキッズ》がいる。彼らは無邪気に「キンキ」を名のっているのだろうか。あんがい、確信犯的に、自分たちは「変態小僧」だとアピールしている可能性もある。もちろん、私は命名者の真意を知らない。ただ、無責任な野次馬としては、いつまでも「キンキ」でいてほしいなと思っている。

タイガー「ス」でかまわない

アメリカに、デトロイト・タイガーズというプロ野球のチームがある。これを、日本のメディアはタイガーズと、まず書かない。新聞や雑誌は、たいていタイガースと、複数形の〝s〟をにごらさない形で表記する。

タイガーの「ガー」は、いわゆる有声音である。複数であることをしめすためにそえられる〝s〟は、とうぜん濁音となる。デトロイトの虎球団も、アメリカではタイガーズとよびならわされてきた。

だが、日本には阪神タイガースという球団がある。英語ではありえないタイガースという響きに、我われはすっかりなじんできた。英語の試験で、タイガーの複数をタイガースにしてしまった人も、少なくないだろう。

メディアの報道も、阪神のにごらぬ〝s〟にひきずられてきた。ジャイアンツの親会社である『読売新聞』の紙面も、阪神にしばられている。デトロイトの球団名を、タイガーズではなくタイガースにしてきたのである。もちろん、ドラゴンズをひきいる『中日新聞』も。

沢田研二らのバンドが、ザ・タイガースを名のったのも、同様の例にあげられよう。ちなみに、彼らのバンド名は関西から上京してきたということで、つけられた。阪神球団のいる地方からやってきたから、「タイガース」でいいやというように。

以前は、複数形のカタカナ表記をいいかげんにすませた球団が、けっこうあった。松竹ロビンス、阪急ブレーブス、等々と。

しかし、そういった球団は、ほとんど姿をけしている。古くからつづいている球団では、唯一阪神だけが、英語にならない音をたもってきた。ついでにしるすが、ジャイアンツやドラゴンズは、いちおう妥当な音になっている。

英語に背を向けた球団が、八十年以上つづいてきた。タイガースという名を、日本社会に浸透させている。私はそんな阪神に、英語の世界支配をはねのける抵抗の精神も、感じたい。英語が、どないした。グローバリズムが、なんぼのもんや。タイガースでええやないか……。

さて、カナダのトロントに、メイプルリーフスというアイスホッケーのチームがある。メイプルリーフは楓《かえで》の葉を意味するが、複数形はメイプルリーブズとなる。だが、英語圏のチームなのに、彼らはメイプルリーフスを名のっている。英語としてはおかしい複数形の発音を、チームの正式名称にしてきた。

なにか、こだわりがあって、わざわざ変な音を採用したのだろう。無邪気にまちがっているタイガースとは、同列にあつかえまい。反英語同盟の連携話を、こちらからもちかけるわけにはいかないだろう。

ハルカスとバファローズ

中年以上の阪神ファンなら、一九八五年の感激をおぼえているだろう。そして、三冠王ランディ・バースの活躍も。私じしん、バースにまさる〝助っ人〟はいなかったと思う。

ところで、バースという表記は、彼の本名を少しゆがめている。バースはバス、ランディ・バスとしたほうが、じっさいの発音に近かった。バスの名は、意図してバースへさしかえられたのである。

とにかく、ようつ打者ではあった。しかし、走者としては多くをのぞめない。足はのろかった。「阪神バス、鈍足憤死」などと、スポーツ紙に書かれかねない名前だったのである。そして、そのことは彼の太い体を一見すれば、入団の前からおしはかれた。

親会社の阪神電鉄は、バスの運行もてがけている。「阪神バス」がおそいというような新聞の見出しは、とうぜんいやがったろう。選手名の登録をバースにさせたのは、そのためだったにちがいない。

さきほど、タイガースという球団名が、英語にそぐわないことを強調した。バースの件でも、英語の発音にとらわれない姿勢は、いかんなく発揮されたというべきか。

話題をかえるけれども、近鉄がたてたあべのハルカスは、たいそうりっぱなビルである。あのあたりでは、圧倒的なランドマークになっている。

近鉄がその建設へふみきったのは、プロ野球から撤退した後であった。バファローズを手ばなしたおかげで、工事をはじめることができている。球団をかかえたままだと、その経費は捻出しきれなかったろう。

プロ野球が好きな私は、だからあそこをとおるたびに、近鉄バファローズを想いだす。とくにひいきをしていたわけではないが、ありし日の近鉄球団へ、想いをはせてきた。その意味で、私のなかではハルカスが、球団の墓標になっている。

ひところ、近鉄打線は中村紀洋選手を中心にすえていた。人気もあったと思う。日清食品の「どん兵衛」を売るCMにも、顔をだしていた。球団の経営危機をつたえ聞き、ファンは妄想をふくらませたものである。

いっそのこと、中村選手の登録名を「どん兵衛」にするのは、どうだろう。阪神がバスをバースへかえたように。新聞は、ホームランをうつたびに、「どん兵衛四十号」などとつたえてくれる。その広告効果で、スポンサーから援助をもらう手はなかったか、と。

第八章
歴史のなかの大阪像

「弥生の都市国家」はあんまりだ

弥生時代に、巨大な「神殿」がいとなまれていた。そう考古学者たちからはやされてきた遺跡が、大阪府にある。池上曽根遺跡である。そのエリアは、和泉市の池上町と泉大津市の曽根町にまたがる。池上曽根は、二つの町名をあわせてできた遺跡名である。

ここに、弥生の集落があったことは、以前から知られていた。まわりを、直径三百メートルの堀がかこっていたことも、一九六〇年代には判明する。そして、一九九〇年代の発掘は、けっこう大きい建物のあったことを、つきとめた。建坪が四十坪、百三十平方メートルにおよぶ、おそらくは高床の建物を。

その規模は、まわりで見つかる住居跡とくらべ、ぬきんでていた。集落のなかでは、きわだつ施設の跡が、ほりあてられている。「神殿」だとみなされたゆえんである。私は、それをうたがっているが。

この「神殿」を中心にして、住居がたちならぶ。また、集落は人工的にこしらえた堀で、まもられていた。そのありようが、古代地中海の都市国家をしのばせたせいだろう。池上曽根では、「弥生の都市国家」がいとなまれたと、喧伝されもした。

たしかに、ギリシャやローマでも、そういう集住地がこしらえられている。いわゆる都市国家だが、それらは小高い丘へもうけられた神殿を中心に、構成された。市壁でかこわれた市街地が、そのまわりに形成されている。たとえば、アクロポリスの丘にたつパルテノン神殿を、居住区がとりまくアテネのように。

中国でも、春秋時代からそういう都市国家ができていたことが、わかっている。そして、池上曽根遺跡の発掘報道は、それが日本にもあったと言いだしたのである。

なるほど、じゅうらいの平均的な弥生の集落より、池上曽根はりっぱであった。しかし、都市国家を語るのは、あんまりである。例の「神殿」も、地中海のそれとくらべれば、そまつな掘っ建て小屋でしかありえない。日本の考古学者が、あちらの学会へでかけて「弥生の都市国家」を語るのは、こまる。はずかしいから、やめてほしいと、私はねがってきた。

いっぱんに、首都圏配布の全国紙は、関西もふくむ地方の動向を、あまりつたえない。だが、考古学についてては、事情がちがう。これに関しては、関西ローカルという枠をこえ、しばしば全国へ報じることがある。「都市国家！」の報道にも、そのせいで力瘤をこめすぎたところは、あったろうか。

朝日新聞や毎日新聞は、もともと大阪ではじまった。だが、今日、報道の拠点や本社機能は、東京におかれている。考古学の記事を、関西側があおりやすくなったのは、そのせいでもあろう。せめて、地元の考古学者には、そんな事情から超然とするようねがいたいものである。

弥生時代と東大

弥生時代という言い方がある。弥生式と称される土器のつかわれた時代を、この言葉はさしている。中学や高校では、縄文の次が弥生になると、おそわった。

縄文という名称は、その時代を代表する土器の文様に由来する。土器には、縄をおしつけて装飾がほどこされたから、そう名づけられた。では、弥生はどうなのか。なぜ、あの土器と、それらがこしらえられた時代に、学者は弥生の名をあたえたのだろう。

考古学にくわしい人なら、もうごぞんじかもしれない。あの土器は、東大の人類学者たちが、一八八四年にさぐりあてた。発見されたのは、東京の弥生町である。その場所にちなんで、弥生式土器や弥生時代という呼称はうかびあがったのだ、と。

しかし、この名前だと、土器の性質はしめせない。じっさい、一九世紀のあいだは、別の名称をつかおうとする者も、けっこういた。たとえば、土器の焼き方から、素焼式という名をひねりだした学者がいる。系統的なつながりへの類推から、マレー式を提案した研究者も、いなかったわけではない。

とにかく、弥生式という命名には、少なからぬ抵抗があった。最初は東大人類学教室内での、便宜的な仮称でしかなかったのである。あるいは、隠語と言うべきか。

弥生という地名は、今ものこっている。東大構内の一部、およびその周辺にひろがる地域をさす。東大には弥生講堂があるし、すぐ近くには弥生美術館もある。東大の人類学者たちは、ごく近所で見つけたものに、その地名をあてがったのである。工学部の東側にある門を、弥生門と名づけたように。

だが、東大の御威光はあなどれない。二〇世紀には、もともと東大内の隠語でしかなかったこの言葉が、学界へ浸透する。いつのまにか、弥生式土器と弥生時代は、大手をふってまかりとおるようになった。

ねんのため、のべそえる。あの土器を見つけ、最初に自分の著作へ書きとめたのは、江戸時代の藤貞幹《とうていかん》である。藤原貞幹ともいう、京都の学者であった。東大の人類学者たちが、はじめて見いだしたわけではない。

貞幹は一八世紀後半に備中（岡山）の高島で、同種の土器を採取した。自分がまとめた『集古図』で紹介してもいる。第一発見を重んじるのなら、備中式あるいは高島式とするべきであったろう。弥生町での発見に、百年ほどさきがけていたのだから。

にもかかわらず、東大は近所の弥生式でおしきった。彼らが本郷で見つけていれば本郷式、湯島なら湯島式になっていたかもしれない。そのていどの命名を、学界のなかで正当化させている。首都の東大には、それだけの権威があったのだと言うしかない。そして、その力を、ローカルな大阪はもちえなかった。こんどは、そのことをあつく語りたい。

「河内時代」はさけられて

大阪の百舌鳥《もず》・古市古墳群が、ユネスコの世界遺産に登録されるかもしれないという。少なくとも、日本側から推薦をする、その候補にえらばれたことは、まちがいない。地元は、けっこうわきたっていると聞く。

ただ、古墳群のなかには、宮内庁から天皇陵ともくされてきたものがある。仁徳天皇陵や応神天皇陵などである。そして、宮内庁は同庁が天皇陵とみなしてきた古墳の調査を、なかなかみとめない。

いっぽう、ユネスコは古墳にたちいり、検分をこころみようとするだろう。それが、世界遺産として顕彰されるにふさわしいかどうかを、見きわめるために。はたして、この事前調査を、宮内庁がどこまでうけいれるか。私は、少しそのことを心配している。

さて、仁徳陵、応神陵として知られる両古墳だが、このごろはそうよばない。今は、それぞれを大仙陵古墳、誉田《こんだ》御廟山《ごびょうやま》古墳と称するようになっている。被葬者の名は、特定しがたいということであるらしい。

いずれにせよ、四世紀末から、あのあたりには大きな勢力がかかわった。それが、七、八十年ほど力をたもったことは、うたがえまい。

ひところは、そのため河内《かわち》王朝説も、学界の一角では語られた。この説は、王朝と百済の親和性を強調しすぎたせいもあり、下火になっている。しかし、その点をのぞけば、じゅうぶん説得力をもつと考える。

往時の古墳は海岸ぞいにあり、洋上から見わたせた。今のように樹々ではおおわれず、石ばりの人工的な姿が、沿岸にはうかんで見えただろう。そんな古墳を大阪湾へはいってくる船に見せつけていた王朝が、私の脳裏をよぎる。

大仙陵も誉田御廟山も、ともに前方後円墳である。最大規模の遺跡であり、その代表例だとされてきた。そして、前方後円墳が各地でいとなまれた時代は、古墳時代とよばれている。両古墳に敬意をはらい河内時代とする手もあったと思うが、そうはならなかった。あるいは、南大阪時代にも。

前後の時代は、弥生時代であり、飛鳥時代である。どちらにも、地名が冠されている。奈良時代、平安時代、鎌倉時代とつづくそれ以後の各時代にも。なのに、河内時代の名はさけられた。古墳時代になっている。弥生などは、東大のそばにあるというだけで、時代の名称となりおおせたのに。第一発見の場所ではなかったにもかかわらず。

東京で歴史教育をつかさどるえらい人たちは、河内の名をきらったということか。

大化の改新と、その舞台

大化の改新という歴史上の出来事に聞きおぼえのある人は、少なくないだろう。じっさい、日本史の教科書で、これにふれないものは、ひとつもない。歴史は苦手だったという人でも、その名前ぐらいは、記憶にとどめていると思う。

大化元年、西暦六四五年に飛鳥の宮廷で、蘇我入鹿《そがのいるか》がおそわれ殺害された。テロにおよんだのは、中大兄皇子《なかのおおえのおうじ》や中臣鎌足《なかとみのかまたり》ら。蘇我氏の専横ぶりをにくんでのクーデターであった。

以後、中大兄らは朝廷の権威を高めるべく、一連の政治改革を断行する。大化の改新とよばれるのは、その諸改革である。

改新の号令は、その翌年正月に大阪でだされている。中大兄らは、新しい時代のはじまりを印象づけるために、大阪へ遷都した。そして、大阪からこれまでとはちがう体制のできたことを、宣言したのである。

内裏《だいり》がおかれたのは、今、大阪城があるあたりの、やや南側であった。歴史家たちは、これを難波長柄豊碕宮《なにわのながらのとよさきのみや》とよんでいる。今は、難波宮跡公園として、整備されているところである。

そう、いっぱんにこの都は、難波のそれとして、史学の世界へ登録されてきた。改新の詔《みことのり》も、難波でだされたと説明をするのが、ふつうである。大阪で宣言されたという私の書きっぷりは、その慣例をふみはずしている。そして、この逸脱には、もちろん訳がある。

先日、ある方としゃべりあったおりに、場のいきおいで、話題が大化の改新になった。話しこんでわかったのだが、私の話し相手はこれを奈良の出来事だと思いこんでいる。大阪でくりひろげられた政治改革だとは、まったく考えていなかった。御当人は、大阪で生まれそだった人なのに。

たしかに、テロじたいは奈良でおこっている。だが、テロ後の新しい政治、つまり大化の改新は、ちがう場所ではじめられた。新しい難波の都、今は大阪とよばれるところで、開始されたのである。

そのことは、高校までの歴史教育でも、おしえられているはずである。じじつ、難波長柄豊碕宮のことは、たいていの歴史教科書にのっている。しかも、改新や中大兄と関連づけて。

にもかかわらず、大化の改新を奈良の歴史としてうけとめる人がいる。ひょっとしたら、ここにも大阪をあなどる例の考えが、およんでいるのかもしれない。地元、大阪の人でさえ、その観念にとらわれている可能性がある。私が大阪だと、ことごとしく書きたてたのは、そのためである。

まあ、私の話し相手が例外的な歴史音痴であれば（失礼）、そう力説するまでもないのだが。

碁盤目の都は大阪から

平城京や平安京が、碁盤目状の道路網で構成されていたことは、よく知られる。東西方向へ走る道と南北方向の道が、この両京では十字に交差しあっていた。こういう道路の配置を条坊制という。

平城京ができる前の都であった藤原京も、もうこの道路構成をととのえていた。同京は、西暦六九四年の持統天皇期にいとなまれている。持統、文武、元明の三代にわたり、平城遷都の七一〇年までつづいた都である。いっぱんに、日本の条坊制はこの藤原京ではじまったと、言われている。

さきほど、中大兄皇子が大阪、難波の都で大化の改新にのりだしたことをのべた。改新の詔が、この新しい都で発せられたことも、指摘ずみである。

じつは、その第二条に、こんな都市管理のきまりごとがしるされている。「京には坊毎に長一人を置け。四つの坊には令一人を置け」、と。ここにある「坊」とは、周囲を大路でかこまれた区域をさしている。条坊制の一区間をさす言葉にほかならない。

これを真にうければ、条坊制は難波の都からはじめられていたことになる。奈良の藤原京より、大阪のほうがさきんじていたとしなければならなくなってしまう。日本における条坊制の歩みは、大阪からはじまっていたのだ、と。

しかし、日本の学界は、あまりそういうふうに考えない。そもそも、大化の改新でうちだされたという詔じたいを、うたがう傾向がある。

ほんとうに、あんなのがだされたのか。『日本書記』が、歴史を捏造したんじゃないの。五十五年後に制定された『大宝律令』の条文を、さかのぼってあてはめたんじゃあないか。改新の詔は、遡及的にこしらえられたフィクションだろう。いや、参照されたのは、七十二年後の『養老律令』かもしれない、と。

藤原京に条坊制のあったことは、考古学的にたしかめられている。しかし、難波につくられた都の場合は、その確認がむずかしい。今はビル街になっているので、発掘調査がのぞめないのである。

まあ、内裏のあった法円坂一丁目あたりは、例外的にしらべることができた。大極殿の規模などは、のちの藤原京につながることが、わかっている。宮殿の中心軸を南へ延長すれば、四天王寺の東にひろがる方形の地割へとどくことも。私は大阪の条坊制を信じたいのだが。

「安土大阪」時代

「安土桃山」時代という言い方がある。織田信長が足利義昭とともに入京してから、豊臣秀吉が亡くなるまでの時代をさす。あるいは、関ケ原の合戦までをふくめることもある。西暦では、一五六八年から一五九八年、または一六〇〇年までの期間を、そうよぶ。

基本的には、信長が天下をめざし、秀吉が天下人となった時代を意味している。「安土桃山」の「安土」は、信長のきずいた安土城に由来するだろう。「桃山」は、秀吉の居城となった伏見城が桃山にあったことから、そう名ざされた。

天下へは、安土城と桃山の伏見城から、号令がかけられている。そうみなされたから、あの時代は「安土桃山」の時代とよばれるようになったのか。

なるほど、信長は安土に天下のうかがえる拠点、一大城郭をおいた。信長の時代を「安土」時代とよぶことに、私も反対はしない。しかし、「桃山」時代には、どうしてもひっかかる。

桃山の伏見城は、秀吉のいとなんだ邸宅用の城郭である。あられもなく書けば、隠居用の居館にほかならない。そこから、全国統治へのりだすつもりは、なかったろう。

伏見城から政局をうごかしたのは、秀吉の没後に、そこへはいった徳川家康である。だから、家康が伏見から駿府へうつるまでを「桃山」時代と言うのなら、まだわかる。だが、秀吉の時代を、「桃山」で代表させるのはまちがっている。

じつは、秀吉や家康の生きた時代に、「桃山」という地名はない。その名は、廃城となった伏見城跡へ、桃の木をうえたことに由来する。家康没後の地名である。「伏見」時代ならともかく、「桃山」時代は、やはりこまる。

さらに、より決定的なことを書く。秀吉が自らの拠点として、その造営に心血をそそいだのは大阪城であった。いや、築城のみならず、秀吉はそのまわりに一大都市を、きずきあげている。のちには天下の台所と言われる大阪という街を、ほとんど一からこしらえた。

信長の足跡を「安土」でしめすのなら、秀吉の業績は「大阪」であらわすべきだろう。信長秀吉時代、いわゆる織豊《しょくほう》時代の呼び名には、「安土大阪」時代こそがふさわしい。かつて、歴史家の脇田修はそう喝破したが、私もそのとおりだと思う。

だが、歴史教育のあり方を東京で左右する人びとは、「大阪」時代をみとめない。そう言えば、信長が屈伏させた大阪本願寺のことも、今の歴史書は石山本願寺と書く。往時の文献は、たいてい大阪本願寺としるしているのに。明治以後の東京は、それだけ、「大阪」の名をきらったということか。

この文章で、「大坂」をつかわず「大阪」としたことをあやしむ読者は、おられよう。私が「大阪」でおしきった理由は、つぎにのべる。

「大坂」は「小坂」から

大阪のことを、今は「大阪」と書く。だが、明治維新の前までは、「大坂」とするすことが多かった。これを「大阪」にかえさせたのは明治の変革、いわゆる御一新だと考えられている。

今日のメディアは、たとえば新聞も、江戸時代の大阪を「大坂」と表記する。「大阪」という文字は、明治以後から今日までの大阪にしか、もちいない。江戸と明治の境目で、「大坂」と「大阪」をつかいわけるのが、今の常識になっている。

「大坂」という書き方が、はじめてあらわれたのは一五世紀のおわりごろである。蓮如《れんにょ》のいわゆる『御文《おふみ》』に、「庄内大坂」とあるのが初見だとされている。

それまで、このあたりは「小坂」と表示されてきた。その地に、今の大阪城とほぼ同じ場所だが、蓮如は本願寺をたてている（一四九六年）。その建立をことほぐためだろう。蓮如らは「小坂」を「大坂」に書きかえた。もう、「小」さい「坂」ではない。「大」いなる「坂」になったんだと、そう言わんばかりの改称ではあった。

もちろん、本願寺の出現で、一気に「大坂」が普及したわけではない。しばらくのあいだは、「小坂」が残存しつづけた。しかし、豊臣秀吉がこの地へのりだしたころには、「大坂」が一般化されている。一五世紀末から一六世紀後半にかけて、「小坂」は「大坂」になったと言うべきか。

くりかえすが、今の新聞各紙は、江戸期以前の大阪を「大坂」と書きしるす。蓮如が本願寺をたてる前の大阪まで、「大坂」にしてしまう。しかし、歴史的な文字づかいにしたがうのなら、そのころは「小坂」と書くべきだろう。「大坂」だけを使用して、「小坂」をつかわないのは、筋がとおらない。

平城京があったころの奈良は、「寧楽」の二文字で、よくあらわされた。「那羅」や「平城」で、「なら」と読ます記録もある。だが、今の新聞は、当時の奈良を「寧楽」や「那羅」と、なかなかしるさない。たいてい、「奈良」ですませている。江戸以前の大阪だけは、「大坂」と書くくせに。

名古屋も同じである。この都市にも、「那古屋」としるされた時代があった。だが、そんな時代もふくめて、新聞の表記は「名古屋」になっている。私が「大坂」時代の大阪も、「大阪」でいいと考えるゆえんである。

どうしても、「大坂」にしたいのなら、「小坂」にも気をつかってほしい。「寧楽」や

「那古屋」にも、こだわってもらいたいものである。

ついでにしるす。「大坂」を「大阪」と書きかえだしたのは、明治以後だと、さきほど書いた。しかし、じつはそうでもない。江戸時代のおわりごろから、「大阪」と書く記録はふえている。これを、江戸と明治でわけるのも、一種の便法でしかありえない。この点からも、みな「大阪」でよいと、私は考える。

英語か大阪弁か

文化人類学者の梅棹《うめさお》忠夫に、「幻のベンガル湾海戦」という文章がある。一七世紀に、日本は国をとざしている。あの鎖国という政策がなければ、その後日本はどうなったかを想像した一文である。

いわゆる織豊時代に、日本は高い水準で経済成長をとげた。貿易業も発展し、東南アジア各地に日本人町をつくっている。インドの東側、ベンガル湾に面したアラカン王国で、親衛隊を組織したのは日本人である。この勢いがつづけば、東アジアに日本を拠点とする一大経済圏が、できていただろう。

いっぽう、一八世紀なかばごろには、イギリス人の勢力が、ベンガル湾へとどいていた。

のちに、インドもふくむ大英帝国をきずく、その地ならしがはじめられている。

日本とイギリスはこの湾において、いやおうなく大海戦をくりひろげただろう。双方のブルジョワジーにあとおしをされた海軍が、雌雄を決したにちがいない。これが、もし鎖国なかりせばという、梅棹のえがいた歴史の空想的な見取図である。

私もその尻馬にのり、夢物語を語りたい。

周知のように、江戸幕府は貿易の権限を独占した。貿易商たちの勝手な海外雄飛を、禁じている。すでにできていた日本人町との交易網も、たちきった。

いっぽう、大阪の豊臣政権は、海商たちの活動をバックアップする。この政権がつづいておれば、国をとざすこともなかったろう。

逆に言えば、梅棹の空想歴史は、大阪政権を前提とした時に、いちばん現実味をおびる。大阪のブルジョワジーにささえられた豊臣海軍が、ベンガル湾で英国艦隊とたたかう。そんな構図で、私も梅棹のファンタジーによりそいたい。

では、もし、「幻のベンガル湾海戦」に豊臣海軍が勝っておれば、どうなったか。ずいぶん「もし」の多い話で恐縮だが、おつきあいいただきたい。その時は、インド洋までふくむ経済圏を、大阪が左右しただろう。

今ごろは、大阪弁が世界の公用語になっていたかもしれない。イギリスの中学校でも、「サンキュー」は「おおきに」だと、日本語の授業でおしえたろう。「ブルジョワジー」という用語も、「あきんど」におきかえられていた。「マネーの流通」も、「銭《ぜに》の流通」に。

くだらない想像だと思われようか。私じしんのことも、帝国主義者だとみなされたかもしれない。しかし、英語の世界支配も、このていどの経緯でなりたっているのである。

神君家康公史観をのりこえて

羽柴秀吉が大阪城を建設しはじめたのは、一五八三年の九月からであった。翌一五八四年の八月八日に、秀吉はその本丸御殿へうつりすんでいる。そして、一五八五年の四月ごろには、その天守閣を完成させた。

いきなり年表風に話がはじまり、読者はとまどわれたかもしれない。大阪城築城史のおさらいめいた書きっぷりで、読む気がそがれた。このくだりはパス、などと思う人がいるかもしれないことを、おそれている。

一五八四年前後の築城史から話をきりだしたのには、訳がある。戦国時代通の合戦マニアなら、誰もが承知していよう。同年三月から秀吉は、徳川家康・織田信雄連合軍と戦闘状態にはいった。同じ年の十一月まで、八カ月間ほどにらみあいをつづけている。世に言う小牧・長久手の戦いである。

戦場は尾張と伊勢にまたがった。ほんらいなら、伊勢尾張の戦いとでもよぶべき出来事であったろう。小牧・長久手でおこなわれた戦闘は、戦線全体のなかで見わたせば、一局地戦でしかない。しかも、八カ月にわたる対戦の一部でしかなく、それじたいは三日間でおわっている。なのに、なぜ、戦いの全過程が小牧・長久手の名で語られるのか。

この局地戦では、家康方が秀吉をだしぬいた。秀吉側は、やや無謀な作戦にはしり、けっきょく負け戦になっている。戦線の全体的な局面、とりわけ伊勢では、秀吉の優勢がたもたれた。しかし、小牧・長久手の一戦に話をかぎれば、勝ったのは家康である。

徳川の時代になると、神君家康公の勝利を、大きくもてはやす風潮ができあがる。それにともない、両者の対峙した戦争も、小牧・長久手の名で代表されるようになっていく。あたかも、家康の部分的な勝利が、その全局面を象徴するかのように。

しかし、家康の軍勢は、この八カ月間小牧山城をでることができなかった。余裕のない臨戦態勢を、終始しいられている。城からとびだせたのは、小牧・長久手の短期戦でやりあった時だけである。だが、秀吉はしばしば大阪へもどり、城づくりや街づくりの指導にあたっていた。さきほどのべたが、本丸御殿への転居も正式にはたしている。のみならず、合戦の最中に、秀吉は伊勢神宮の遷宮も差配した。それだけのゆとりももちながら、家康との戦いにはむきあっていたのである。小牧山城へこもらざるをえなかった家康ほどには、せっぱつまっていなかった。私は小牧・長久手の戦いという言い方を、おかしいなと思っているが、どうだろう。

太閤の影にあおられて

今、大阪城にある天守閣は、一九三〇年代にたてられた。鉄筋コンクリートの建物である。形は豊臣秀吉がきずいた天守閣を、なぞっている。しかし、躯体じたいは、まごうことなき現代建築である。

そんなことは、わざわざ言われなくても、たいていの人が認識していよう。じっさい、あそこへいけば、入館者を上まで、エレベーターがはこんでくれる。こんなものが、秀吉の時代にできていようはずがない。

ただ、天守閣以外のところには、秀吉時代の俤《おもかげ》をもとめる人も、けっこういる。城郭の石垣や敷地の形状は、秀吉の差配にしたがってきめられた。それが今日もつたえられていると、なんとなく感じている人は、少なくない。

歴史好きには言うまでもないが、この通念はまちがっている。今の大阪城は、秀吉時代の姿をとどめない。我われの大阪城公園は、江戸時代の城跡である。

秀吉時代の天守閣や櫓《やぐら》、そして書院などは、いわゆる夏の陣で焼失した。のみならず、その城跡も、あとからうめられている。そして、江戸幕府は、その上へ土をもり、石垣をきずきなおした。新しい天守閣、江戸幕府の天守閣も、今はもうないが、もうけている。現代人が見ているのも、そんな江戸時代の大阪城跡にほかならない。

しかも、幕府は秀吉時代よりスケールアップした城を、建設した。石垣も建築も、秀吉がつくらせたものより、大きくりっぱになっている。こう書くと、太閤ファンの読者はなげかれようか。そんな話は、聞きたくなかった、と。

それにしても、幕府が大阪城をより壮大に再建させたのは、なぜだろう。私の脳裏にうかぶ想像説を、実証的な根拠はないが、書きつけたい。

徳川方は大阪夏の陣で、豊臣をほろぼした。焼失した大阪城のあとにも、幕府の手で新しい城をたてている。徳川の時代がきたんだと、大阪の町人たちへ見せつけるために。

ただ、その新城が秀吉時代の旧城よりしょぼければ、大阪ではあなどられてしまう。新しい城は、よりりっぱにかまえねばならない。おわかりだろうか。城づくりでは、勝者の徳川も亡き太閤の影におびえていた。死せる秀吉が、生ける徳川をはしらせたのだと思う。こうとらえれば、がっかりの度合いも、少しはやわらぐか。

豊臣秀頼にキリシタンがいだいた夢

豊臣秀頼は、太閤秀吉の嫡男である。大阪夏の陣で、徳川家康の軍勢にかこまれた。焼きおとされた大阪城と、運命をともにした、豊臣家をつぐ最後の当主である。

その秀頼に、じつはキリシタンだったという噂のあったことを、ごぞんじだろうか。もちろん、事実ではない。しかし、そんな評判は、江戸時代からとびかっていた。

こういう臆測が語られだした背景じたいは、よくわかる。じっさい、徳川との決戦をひかえた大阪城には、多くのキリシタン兵があつまった。彼らの武具には、十字架やサンチアゴの印などがしるされていたのである。クルスの旗をかかげながらかけつけた者も、少なくない。

冬の陣がはじまる前年のことであった。幕府はキリスト教の信仰を、全面的に禁止する。信仰心のある武将たちには、しかし棄教へふみきれない者も、おおぜいいた。そんな武人たちが、徳川に一泡ふかせようと、大阪城へ結集したのである。秀頼が、キリシタンだと語られだしたのは、そのためであった。

日本にいた宣教師たちも、この情勢にはあつい期待をよせている。できれば、豊臣勢に勝ってほしいと、ねがっていただろう。

では、あのタイミングで秀頼側がキリスト教を公認しておれば、どうなったか。大阪では、キリスト教の布教をゆるす。教会の建設も、みとめる。それをさそい水にして、イスパニア＝ポルトガルの軍事支援をとりつける手はあった。この外交が実をむすべば、大阪城と豊臣家は、まもられただろうか。

ただ、そのかわり、大阪はイスパニア＝ポルトガルの管理下に、おかれたかもしれない。豊臣家は、彼らにかつがれる藩王国の王としてしか、延命することができなかったろう。大阪は、中国の澳門《マカオ》や香港《ホンコン》と同じで、植民地化の途をあゆんだような気がする。

周知のように、これらの都市はカジノをもっている。大阪も、日本国の法律にしばられることなく、ギャンブル施設をもうけられたろう。今のように、その設営へむけて四苦八苦をすることは、なかったはずである。まあ、あんなものはいらないと、思いもするが。

それよりも、日本国の戦争とは一線を画しえた可能性に、私の妄想はつきすすむ。日清、日露、アジア太平洋戦争への参戦を、大阪はさけられた。例の慰安婦問題も、大阪には他人事だったかもしれないのである。

ああ、いかん。また、歴史の架空譚に走ってしまった。

利根川に淀殿が

大阪夏の陣で、豊臣家はついえさった。嫡子の秀頼も、生母の淀殿も炎上した大阪城で、命をおとしている。

しかし、両者が生きのびたという言いつたえも、じつはある。後でもふれるが、秀頼は鹿児島に、そして淀殿は群馬へ脱出した。以上のような伝説を語る人びとも、もちろん史実ではないが、一部にいる。今回は、淀殿にまつわる延命譚を、紹介しておこう。

群馬の前橋に、総社という町がある。淀殿をたすけたのは、総社城の初代城主・秋元長朝《ながとも》であったという。

伝説によれば、その秋元侯は、淀殿の色香にまよったらしい。自分の居城にかくまい、彼女をくどきつづけたが、うけいれてはもらえなかった。淀殿は男の求愛をはねつけ、城の脇に流れる利根川へ、身をなげたと言われている。

投身の踏み台になったとされる岩場が、現地にある。今は利根川の流れがかわり、岩は川からはなれたところに、のこされている。だが、とにかく、もとの場所でそのままたもたれていることじたいは、たしかである。

それだけではない。淀殿を大阪から上州まではこんだとされる駕籠《かご》の扉も、今なお保存されている。秋元家の菩提寺である元景寺が、それを今日までつたえてきた。

淀殿をとむらったという石塔も、この寺にはたっている。ここで手をあわせれば、美人になれる。そう学校でおそわったと言う前橋の女子高生に、私は現地ででくわしたことがある。

淀殿は、美貌で知られた織田信長の妹、お市の娘である。老境をむかえた豊臣秀吉も、とりこにした。なにほどかは魅力的な人であったのだろう。美人祈願の想いがよせられることも、わからないではない。

それにしても、夏の陣をむかえた淀殿は、もうすぐ五十歳になる。化粧術もすすんだ今日の五十ではない。四百年も前の、一七世紀初頭に四十代の最後をむかえた女性なのである。その年で秋元侯をときめかせたという、伝説のコケットリーには、脱帽するしかない。文字どおりの美魔女であったと言うべきか。

さて、淀殿のことを後世の読み物は、しばしば淀君としるしてきた。今でも、その名でおぼえている人のほうが、多いぐらいかもしれない。

しかし、この○○君という名は、遊里の大夫につけられたそれを、しのばせる。豊臣をほろぼした徳川の時代に、彼女を悪女として印象づける作為がはたらいた。遊女のようによばれたのも、そのせいか。じっさい、淀殿が生存中の文献に、彼女を淀君と記録したものは、ひとつもない。

秋元侯を夢中にさせたという伝説も、そんな時代相の産物か。

秀頼の大阪城脱出伝説を考える

淀殿には、大阪城から脱走していたという話がある。前にはそんな言い伝えのあることを紹介した。これには、おどろいたという人も、けっこういただろう。

だが、豊臣秀頼については、そうでもない。多くの歴史好きが、秀頼の大阪城脱出伝説には、なじんでいる。前にもふれたが、鹿児島のほうへにげたということに、たしかなっているんじゃあないか。大阪城には秘密の抜け穴もあって、そこからぬけだしたという話を、聞いたことがある。以上のような反応も、秀頼に関してなら、かえってきそうな気がする。

もちろん、本気でこういう説をとなえる人は、ほとんどいないだろう。たいていの人は、秀頼の最期を大阪夏の陣とともに、想いうかべるはずである。だが、なかには、延命の可能性を、おおまじめに考える人もいる。

鹿児島市の南に、谷山というところがある。ここには、秀頼の墓とされる石塔が、たっている。「伝秀頼公由緒地」の字をきざんだ碑も、そばにはもうけられているのである。公的な道路標識にさえ、豊臣秀頼という文字を、見かけないわけではない。

鹿児島に本拠をおく島津家も、しかし大阪の陣で豊臣方へ援軍をおくりはしなかった。加勢はたのまれたが、ことわっている。ただ、それにさきだつ関ケ原合戦では、西軍の雄としてたたかった。鹿児島が、秀頼の逃亡先とみなされやすい場所だったことじたいは、うなずける。あと、徳川の探索がおよびにくい遠隔地であることも、この想像をささえたろう。

大阪城からは、落城の寸前に千姫がぬけだした。この事実も、秀頼の脱出譚に共感したがるむきを、あおったような気がする。千姫がにげられたのだから、秀頼だってというように。

大阪の陣があったころには、長崎の平戸にイギリス商館がおかれていた。当時の商館長であったリチャード・コックスは、公務日記をつけている。そして、そのなかにも書かれているのである。秀頼は、城で焼死したらしいが、薩摩か琉球ににげたかもしれない、と。秀頼生存の風聞は、はやくからでまわりだしていたようである。

のみならず、この話はその後も語りつがれていく。上田秋成（『胆大小心録』）や大田南畝《なんぼ》（『半日閑話』）らも、書きとめていた。秀頼は生きのびている。そう噂をしあうことが、徳川幕藩体制下の、ちょっとした息ぬきになっていたのだろう。

まだあった、敗将の延命伝説

大阪夏の陣からの、偽史と言うしかない脱走譚を、ここまで紹介してきた。淀殿が、また豊臣秀頼も、あそこでは死なず遠方へにげのびたと、一部で言われている。その現象を、あれこれ論じてきた。

こういう話をくりかえす心づもりが、はじめからあったわけではない。だが、書いているうちに、はずみがついてしまった。少々くどいかと思うが、もうしばらくつづけたい。

あの合戦場からぬけだしたと言われる第一人者は、なんといっても真田幸村であろう。

周知のように、幸村は徳川家康を、あわやというところまでおいつめた。圧倒的に不利な戦いではあったが、神出鬼没の大活躍を見せている。

あれだけの英傑を、むざむざとは死なせたくない。そんな人びとの想いが、幸村の不死伝説をふくらませたのだろう。のちに、真田十勇士の物語を派生させたからくりと、その点はひびきあっている。

なお、猿飛佐助をはじめとする十勇士の活躍は、二〇世紀初頭から流布された。そのほとんどは、「立川《たつかわ》文庫」の創作である。ちなみに、同文庫は大阪の立川文明堂が刊行した。首都東京までふくめ、一時期は出版界を席巻したことも、のべそえる。

話をもどすが、大阪の三光神社には、真田の抜け穴と言われる地下道への出入口もある。これが、大阪の各地へつながるトンネルのあることを、幻視させなくもない。幸村の延命伝説が、ひろく取り沙汰されることじたいは、のみこめる。

さきほど、秀頼が鹿児島の谷山へにげのびたという話に、ふれた。じつは、秀頼の脱出をたすけ、彼地へみちびいたのも、幸村だとする話がある。秀頼ひとりの逃亡ではたよりないと思われ、そんな話ができたのだろうか。信頼できるのは、やはり幸村ひとりだというこ となのかもしれない。

しかし、幸村の脱出先として、いちばんよくとりあげられるのは、秋田の大館であろう。同地の一心院には、幸村のものだとされる墓がある。それらしいいわれをしるす過去帳も、のこっている。幸村は、秀頼を鹿児島へ案内してから、秋田にわたっていた。そんな話も、聞かされなくはない。

ところで、秋田には石田三成がにげのびたとする伝説もある。関ケ原の敗将三成は、戦場からにげおおせた。懇意にしている佐竹義宣をたより、帰名寺という寺で住職になったというのである。

もちろん、私はこういう話を信じない。だが、歴史小説の一幕にしてみたいなという想いはある。秋田の某所で老境をむかえた三成と幸村が、昔語りにふける。太閤秀吉のこと、徳川家康のことを話しあう。私は書けないが、誰かに書いてほしい。

大塩平八郎もにげのびて

大阪の陣には、キリシタンが豊臣秀頼側に、おおぜい加勢した。その代表格は、ジョアン明石掃部《かもん》である。そして、この明石掃部にも、延命伝説がある。夏の陣では死なずに、にげのびたと、しばしば語られてきた。

『耶蘇《やそ》天誅記』という江戸時代の文献は、その脱出経路をこうしるす。京橋口から船にのり、長崎へたどりついた。その後は、キリスト教徒だったので、南蛮国へ遁走《とんそう》している、と。東南アジア、もしくはヨーロッパまでにげたという。想像上の逃走先が地球の裏側までとどいた、最初の人物である。

大阪の陣から二百年以上下った、一八二七年のことであった。大阪で、キリスト教徒だとみなされた者たちが、捕縛されている。そのうち六人は、市中をひきまわされ、磔刑《たつけい》となった。大阪切支丹一件とよばれる事件である。

彼らは、キリスト教を論じた漢籍などから、信仰心にめざめていた。宣教師とは、まったくであっていない。もっぱら、文献をとおして、キリスト教には近づいている。

しかし、同時代の人びとは、彼らを潜伏キリシタンの末裔だと、誤解した。夏の陣で大阪城からにげたキリシタンたちが、信仰をかくし大阪市中にひそんでいる。その子孫が、信心をたもった状態で、見つかったのだ、と。あたかも、長崎でしばしば発見されたかくれキリシタンのように。

キリスト教徒とみなされた者には、厳罰でのぞむ。この方針をつらぬいたのは、大阪町奉行所の、当時与力であった大塩平八郎である。穏便な処置を求める声も、一部にはあった。だが、大塩はそれをうけいれない。理非のけじめには、きびしい人だったようである。

のちに大塩が奉行所をしりぞき、「救民」のために決起したことは、よく知られている。一八三七年には大商人の屋敷をおそい、金品や穀物を窮民に略奪させた。この蜂起は、幕吏たちにおさえこまれている。大塩らは、かくれていた町家に火をはなち、自害した。

そんな大塩にも、死なかったという伝説がある。見つかった焼死体は別人のもの。本人はそこからぬけだしたという噂が、事件後すぐにとびかった。「救民」の志士を、死なせたくないという願望のあらわれか。

明治以後には、空想上の脱出先が国境をこえはじめる。清国へわたった、いや、ヨーロッパまでにげたそうだ、等々と。キリスト教への弾圧者が、脱走経路だけはキリシタンの明石掃部めいて取り沙汰される。この皮肉な一致を、私はおもしろがっている。

第九章 大阪と大阪弁の物語

大阪金融物語

大阪商人は、金銭にシビアであるという。金をめぐって、死線をくぐりぬける。そんな大阪人をえがいた物語は、少なくない。

たとえば、『ナニワ金融道』や『難波金融伝　ミナミの帝王』といったマンガがある。この二作は、映画化され、テレビのドラマにもなった。いずれも、いわゆる闇金世界の奥をかいま見せる筋立てに、なっている。なるほど、こんなはかりごともあるのかと、時に感心させられる。

だが、こういう物語は、おしなべてスケールが小さいと、私は思う。たとえば、話はたいてい大阪と、その周辺をでていかない。詐術の数かずも、手口の妙には感銘をうけるが、どれもみみっちく感じてしまう。

今、世界の金融界を牛耳っているのは、ニューヨークのウォール街であろう。そして、大阪の金融物語にでてくる主人公たちは、この牙城に立ち向かおうとしていない。あちらの金融エリートをだしぬくようなドラマは、皆無である。

いや、相手はニューヨークでなくてもいい。ロンドンのシティに一泡ふかせる物語だって、かまわないだろう。シンガポールや上海との金融戦争だって、じゅうぶん読みごたえはあると思う。思うが「ミナミの帝王」は、なかなか大阪をでていかない。

世界のマネー市場は、ＡＩ（人工知能）と高等数学で武装されている。それを突破するような技のさえは、うかがえない。たぶん、脚本家の脳裏を、よぎることもないのだろう。ドラマやマンガは、相手の裏をかく手法も、数多くしめしている。しかし、その対象は同じ大阪の工場主や小店主でしかない。あくどいやり口もあるが、まあ小悪《こあく》である。ウォール街の存在感とは、くらぶべくもない。

横光利一という作家に、『家族会議』という小説がある。一九三五年に発表された作品である。横光は作中に仁礼文七という大阪金融界の黒幕を、登場させている。そして、この仁礼は、東京の兜町《かぶとちょう》ぜんたいをゆるがす人物として、えがかれた。まだ、日本経済の中心が大阪にあったころの小説である。東京の金融マンが大阪のドンにおびえ、うろたえる。この設定にも、現実味はあった。東京の読者もふくめ、違和感なくうけいれることができたのである。

さすがに、仁礼の牙もニューヨークにまではとどいていない。東京をゆさぶっただけである。まだ、今のようなグローバリズムは、むかえていない時代であった。その刃が国境をこえなかったのも、やむをえない。

しかし、現在は世界市場が一体化したと言われている。そんな時代なのに、今の物語は大阪というローカルな枠を、こえられなくなった。大阪経済が物語作者の想像をかきたてる。その力が、衰弱したのだと考える。

威圧的にひびいた関西弁

私は、いわゆる講演会に、講師としてまねかれることがある。しかし、標準語はつかわない。いや、しゃべれない。壇上から物を言う時も、関西訛りでとおしてきた。

一分か二分ぐらいなら、東京風の発話もできるかなと、ひそかに思っている。しかし、それ以上は、つづかない。講演のとちゅうで話し方がかわっていくのは、やはりまずかろう。だから、はじめからおわりまで関西弁にしている。日本語がつうじる場所ならば、海外でも。

もちろん、首都圏で講師の役目をつとめるさいにも、この姿勢はかえない。たとえば、二、三十年前に東京でしゃべったある機会でも、関西弁でおしきった。ただ、その時は、聴衆のひとりから意外な感想をもらっている。

けっこう、お年をめした男性であった。彼は、どうしても関西風の口調になじめないという。えらそうに、上からおしつけられているような気配、威圧感をいだいてしまうらしい。もうしわけないけれども、今日の話にも、それを感じてしまったとのことであった。

おどけてひびくから、知的に聞こえないという批判なら、私もおりこみずみである。しかし、えらぶった印象をもたれるというのは、想定外であった。なぜ、関西訛りにそう感じてしまうのか。私は、くだんの男性にたずねている。なにか、事情があるのか、と。

社名は伏せるが、彼はさる大企業につとめていた。当時は、大阪に本社のある会社であったという。彼がはたらいていた東京支社の重役たちも、多くは大阪からきていた。そして、彼らは関西弁で部下を指図していたらしい。そのため、関西風の語り口は、命令口調を想いおこさせるというのである。

戦後、二〇世紀のなかばごろから、大阪の大企業は、拠点を東京へうつしていった。本社、あるいは本社機能の東京移転という事態が、常態化するにいたっている。そして、大阪の人びとは、この現象をさびしがってきた。

いっぽう、うけいれる側の東京には、抑圧を感じるむきも、けっこうあったらしい。そう言えば、「東京を占領した大阪の大将たち」と銘うった本もある。経営評論家の田辺昇一が、自著である『関西商法』（一九六六年）に、そんな副題をそえている。

ひところの関西財界は、経済的に東京を制圧してもいた。関西弁は、そんな占領軍がいたけだかにひびかせた言葉であったということか。今は、もっぱら道化じみた語り方としてうけとられるところに、時代の推移を感じる。言葉をかえれば、関西経済の没落を。

芦屋女性の東京風

二〇世紀のなかばまでは、有名な大企業の多くが大阪に本社をおいていた。一九二〇年代から三〇年代の大阪は、東京と互角の経済力をもっている。指標によっては、東京を上まわったりもしていた。

そのことに、プライドもいだいていたせいだろう。敗戦後とちがい、われ勝ちで本社を東京へうつすような振舞には、まだおよんでいない。大阪に拠点をかまえたまま、経済人たちは活動をつづけていた。

ただ、一九一〇年代ごろから、大阪は工業都市へと変貌する。産業立国をめざす中央政府とも、接点をもつ機会は、いやおうなくふえていく。大阪の産業人も、そちら方面に目端のきく人材をほしがった。

そのため東京帝大の卒業生を、社員としてむかえたりもするようになる。のみならず、優秀だとみなされた帝大出を、しばしば娘の婿にもしはじめた。

工業化ゆえの煤煙をきらった大阪の経済人は、阪神間の山裾へ本宅をかまえだす。帝大出の婿たちも、六甲山系の麓でくらすようになる。そして、東京風のしゃべり方、標準語を、あのあたりにもちこんだ。

小田実《まこと》の『わが人生の時』（一九五六年）は、一九五〇年代初頭の大阪をえがいている。作中に、阪神間でくらすゆたかな女性の口調を、こう論評する男がでてくる。

「日本語の方言の中で一番色気のあるのは、芦屋を中心とする阪神間のブルジョワ家庭の子女が好んで使用する東京弁、つまり疑似東京弁である」

田辺聖子も、『窓を開けますか？』（一九七二年）に、そういう女性を登場させている。

「このひとの言葉は、阪神間で使われる、それも高級住宅地で愛用されている、大阪風なやわらかいアクセントの、きれいな日本語である。あえて標準語といわないけれども、東京風なことばである」

東京風の、アクセントには大阪弁をとどめたしゃべり方が、阪神間の山手にひろがった。ブルジョワのくらす高級住宅地へ普及したと、二人は言う。

ラジオの普及が、標準語をもたらしたためではないだろう。じっさい、ラジオのせいなら、京都にだって、東京の語り口はおよんだはずである。しかし、同じ時期に京都の家庭へ、東京弁が浸透した形跡はない。

会話の東京化は、阪急神戸線の沿線に特徴的な現象である。やはり帝大出の婿たちが、東京弁をもちこんだせいだろう。あまり、京都へはこなかった彼らが、芦屋あたりには感化をおよぼしたのだと、私は考える。

もともと、船場の商家は、京都風の口調をたもってきた。だが、六甲山麓へうつってからは、東京風のしゃべり方にもならいだす。そこからは、関西圏における京都的な威光のおちこみも、読みとれる。京都は値打ちがなくなってきたのだ、と。帝大出の東京弁へ言いおよんだついでに、のべそえる。

船場は標準語をゆるさない

山崎豊子に、『女の勲章』（一九六一年）という小説がある。一九五〇年代の大阪が、舞台になっている。ヒロインは、大庭式子。船場の久太郎町で、五代つづいた羅紗《らしゃ》問屋の娘である。そんな大家の令嬢、大阪風に言えば嬢《いと》はんのおくった生涯を、この作品はえがいている。

戦災で家を焼かれた式子は、ひとりで阪神間へうつりすむ。そこで小さな洋裁教室をひらき、これを発展させた。一九五三年には、甲子園球場の近くで、大規模な洋裁学校を開校する。だが、信頼して経営をまかせた男にうらぎられ、破滅へおいこまれた。これは、船場の嬢はんがたどった浮沈の物語にほかならない。

式子は野心的な、進取の気性もある女性である。古い問屋に生まれそだったが、洋裁という新しい途にむかっていく。船場のしがらみからぬけだそうとする心意気も、早くからしめしていた。

にもかかわらず、ジャーナリズムは式子が船場の娘であることを、書きたてる。大店の嬢はんが、新しい事業にうってでたことを、強調した。式子は、こういう世間の評判に、いらだちをかくせない。ビジネスの内容より、船場という出自が話題をよんでしまう。そんな自分をとりまく現実への不快感も、周囲の人びとにはこぼしている。

式子は、大阪弁をいっさいつかわない。身近な人びととのやりとりでさえ、東京風の標準語でおしとおしている。まわりは、そんな式子のかたくなさを、もてあます。だが、東京的な語り口は、船場から脱出する決意をあらわしていた。

まわりの登場人物は、みな大阪弁を口にする。最終的に式子をうらぎり、死へおいこんだのも大阪弁の男である。古い船場とは縁をきって、近代的な自立を勝ちとりたい。そう夢見た戦後女性が、大阪弁世界にからめとられ、敗北を余儀なくされてしまう。『女の勲章』は、そんなドラマであったろう。

戦時下で、まだ船場に屋敷があったころの式子は、こんな言語生活をおくっていたという。「家内では許されなかったが、一歩、家から外へ出ると、大阪弁を使わず、きれいな標準語に変えることに腐心した」

船場の旧家は、標準語をゆるさなかったらしい。家人には、大阪弁をしいたようである。いっぽう、六甲山系の山裾へうつった女性たちは、東京風の語り口になびいていった。大阪弁にこだわる家父長の束縛から、郊外の阪神間ではときはなたれている。そこは、女たちの解放区でもあった。

『白い巨塔』と大阪経済史

ひきつづき、山崎豊子の小説をとりあげる。今回は、映画やテレビでもおなじみの『白い巨塔』（一九六五年）に、目をむけたい。

この作品は、財前五郎という外科医を、主人公にしている。その財前は、国立浪速大学に籍をおく学究でもある。物語がはじまった段階では、同大学の助教授とされていた。そして、教授の座につくことを、虎視眈々とねらう野心家としても、えがかれている。

この大学では、しばしば教授選考にさいし、暗闘がくりひろげられてきた。少なからぬ金が、これまでにもうごいてきたという。そして、財前の昇進にさいしても、大学をとりまくさまざまな勢力が、かかわった。『白い巨塔』は、その舞台裏をえがいた作品である。

「財前」の名は、金品とともにある人物像をほのめかしていたろうか。

財前の上司は、東貞蔵教授である。まもなく定年をむかえ、大学からしりぞくことになっていた。その教授ポストも、いずれは補充をしなければならなくなる。財前の身辺がさわがしくなってきたのも、そのためである。

さて、上司の東教授は、首都の東都大学から大阪の浪速大学へ転任してきた。東都大では教授になれず、浪速大で教授となる。そんな設定でえがかれている。この東都大は、うたがいようもなく東大医学部のことをさしている。浪速大は阪大医学部と見て、まちがいない。東は、東大から阪大へ都落ちを余儀なくされた医師として、人物像が造形されていた。「東」という名も、東大からきたことを暗示していたと思う。

敗戦後まもなく、大阪へ転出した東は、そんな自分の運命をなげいていた。だが、一三年ほど経つと」、つまり一九五〇年ごろには、悪いことでもないと思いだす。『白い巨塔』は、その機微を、こうえがいている。

「財界人の大物クラスの患者が、ずらりと居並ぶ浪速大学医学部の教授の椅子の方が、経済的に恵まれている」

「研究費の寄付、特別診療に対する謝礼その他についても、大阪の財界人のそれは、群を抜いていた」

だから、東京にこだわらず大阪へきてよかったと、東は考えをかえている。そして、この判断を東は物語が進行している一九六三年にも、たもっていた。このころまでは、大阪にいる財界人のほうが、懐もゆたかだったということか。

物語に、ケチな大阪人はでてこない。寄付にもおおらかな御大人《ごたいじん》が、登場する。だからこそ、浪速大学の教授選では、札片《さつびら》がとびかった。『白い巨塔』は、まだ勢いのあった大阪経済を背景とした作品に、ほかならない。

六甲山麓の新時代

もともとは、大阪に拠点をおいていた。そんな企業が本社を東京へうつしはじめたのは、戦後のいわゆる高度経済成長期からだろう。二〇世紀前半までの大阪に、そのようなうごきはなかったと思う。

だが、二〇世紀後半の産業は、国の経済運営に左右される傾向を強めていく。輸出のありかたなどは、護送船団方式とよばれる当局の舵取りへ、ゆだねられだした。

多くの企業が、意思決定の場を政府の近くへおきたくなったのも、やむをえない。はなれたところにいると、国家の方針からとりのこされてしまう。以上のようなおびえが、大阪の経済人を東京へと、かりたてたのではないか。

中央政府が産業界に、強い姿勢で号令をかけだしたのは戦時中からである。総力戦を余儀なくされた政府は、国家総動員を呼号しつつ、経済統制を強化した。企業合同や組合の再編も、おしすすめている。

そこでできた中央主導の仕組みが、戦後もそのままたもたれた。ただ、経済活動じたいは一九五〇年代になるまで、回復していない。低迷しつづけた。中央の政策が、二〇世紀の後半から産業界をひきいたように見えるのは、そのためだろう。

二〇世紀前半の大阪に、本社を東京へうつそうとした経営者は、あまりいない。さきほどそう書いたが、しかし彼らも中央をあなどってはいなかった。自分の会社には、東京でまなんだ優秀な人材をいれるよう、つとめている。東京帝大出のエリートを、娘の婿としてむかえるケースも、よくあった。

そんな婿たちは、しばしば阪神間の山手へ居をかまえるようになる。そのため、あのあたりでは富裕層が東京風にしゃべりだしたと、これも前に書いた。

しかし、本社が東京へうつれば、事情もちがってくる。東京採用のエリートを、後継候補として関西にすまわせる必要は、なくなった。彼らのことは、東京でくらさせれば、それですむ。わざわざ、東京弁の語り手を関西へおくりこまなくても、かまわなくなった。

そう思ってながめるせいだろうか。阪神間の山手では、東京風の会話を耳にする機会が、へっているように思う。あのエリアでも、関西弁がよみがえりだしているのではないか。だとすれば、経済の東京一極集中化も、そう悪いことではなかったような気がする。

上海語か北京語か

五年ほど前に、中国の上海へいっておどろかされたことがある。ほぼ四半世紀ぶりの再訪だったのだが、街の様子はすっかりかわっていた。とりわけ、私は人びとのしゃべりかたが急変してしまったことに、感銘をうけている。

一九八〇年代の後半にはじめておとずれた時は、多くの市民が上海語をかわしあっていた。

ねんのためのべそえるが、標準語とされる北京語と上海語に、書きかたの差異はない。ただ、その発音は、そうとうくいちがう。日本でならう中国語は北京語だが、こちらになじんだ者は上海語を、まず聞きとれない。北京そだちの人も、意思の疎通には苦労させられる。そんな言葉が、街の日常語になっていた。

だが、二十数年をへてでかけた上海の街では、上海語は影をひそめていたのである。たいていの人びとは、北京語をつかうようになっていた。私は、案内をしてもらった中国人から、市中でつげられたことがある。井上さん、あそこを見て、あの人たちは上海語で語りあっているよ、と。

上海語での会話は、指をさされるような存在になっている。上海は、とうとう北京語に制圧されたんだなと、思い知らされた。

北京中央政府の圧力が上海語を片隅においやったわけでは、けっしてない。じっさい、地元民のあいだでは、上海語の保存運動もくりひろげられている。

周知のように、上海市は、ここ二、三十年のあいだで、急速な経済成長をとげた。都市の規模も、大きくなっている。ビジネスチャンスをもとめ、中国全土からこの街に人びとがうつりすみだした。いや、世界中からあつまってきたのである。

新参者の彼らは、たいてい北京語をあやつった。そして、北京語を共通語とする流入者は、上海語の地元民を圧倒する。経済的な勢いのみならず、人口比という点でも凌駕した。上海語の存在感がうすまりだしたのは、そのためにほかならない。

さて、大阪である。ながらく、この都市は経済的な低迷がなげかれてきた。多くの大企業が本社を東京へうつすことも、指をくわえつつながめてきたのである。

しかし、おかげで大阪弁はたもたれている。全世界からおしよせる標準語族が、大阪弁を駆逐する現象は、まだおきていない。上海のような不幸からは、まぬがれている。このことを、負けおしみかもしれないが、ことほぎたい。

「地盤沈下」の、その意味は

大阪は、経済活力の低下が語られだして、ひさしい。東京と互角以上にはりあっていたことは、数十年も前の昔話となっている。そして、この衰勢は、しばしば「地盤沈下」という言葉とともに、取り沙汰されてきた。大阪の経済は、地盤沈下している、と。

若い人たちは、この言いまわしを不可解に思うかもしれない。経済的な地位の下落なら、「停滞」や「低迷」という言葉でしめせる。「沈下」をつかうにしても、それだけでことたりる。どうして、わざわざ「地盤」の二字をそえ、「地盤沈下」にする必要があったのか。経済にとっての「地盤」とは、いったい何なのか、と。

年輩の読者なら、たいていわきまえておられよう。大阪の街をささえる地面が、一九二〇年代から、じっさいに沈下したことを。比喩でもなんでもない、掛値なしに地盤が、かつてはどんどんしずんでいったのである。「地盤沈下」という物言いは、ほんらいこの現象をさしていた。

地面が標高を下げだした原因は、大阪の工業都市化にある。市中にひろがった工場群が、大量の工業用水を地下からくみあげた。そのため、あちこちで地表がしずみ、あるいは陥没していったのである。

林立しだしたオフィスビルも、この傾向をあとおししたらしい。とくに、全館冷房の普及は、冷却用地下水の使用量を増大させたと聞く。また、地下街や地下鉄の発達も、土地の沈降を促進させただろう。

その意味で、地盤の沈下は、経済的な活力の副産物だったと、みなしうる。大阪が、大阪なりに発展していったから、この現象はおこったのである。そんな「地盤沈下」が、なぜ大阪経済の衰退を物語る言いまわしに、とりいれられたのか。

作家の小松左京が、目のさめるような読み解きをしめしている。「大阪の『地盤沈下』とその闘い」という文章が、それである（『季刊大林』二十八号、一九八九年）。

「『大阪の地盤沈下』が『経済的地盤沈下』のイメージとかさなるのは、大阪の最も格の高い、経済・行政の中核機能が集中する中之島、堂島、北浜の地盤沈下がはじまってからのようである」

工業地帯だけでなく、中之島や北浜まで地盤がおちこみだした。「地盤沈下」が経済を語る場に転用されたのは、そのためであるという。私はこの説明に、納得している。

船場言葉と河内弁

かつての船場言葉は、響きが京都風であったという。ざんねんながら、私にその記憶はない。しかし、古老たちの昔語りは、よく船場言葉と京言葉の近さを強調する。じっさいに、そういう傾向はあったのだろう。

だが、今の吉本新喜劇などで耳にする大阪弁は、あまり京都風に聞こえない。テンポがはやいし、ややあらっぽくなっているように思う。どちらかと言えば、河内風や泉州風の言いまわしが、幅をきかせているのではないか。

船場の商家では、おおぜいの奉公人が、今風に言えば従業員だが、はたらいていた。そして、その多くは河内からきていたと聞く。御主人たちは京都風に、そして使用人たちは河内風の口をきいていたということか。

二〇世紀の大阪は、一大工業都市へ変貌した。工場も、たくさんたてられだす。そして、そこではたらく労働力が、大阪近郊だけではまかないきれなくなった。大阪の工場経営者たちは、その不足分を西日本の農山村から調達するようになる。あるいは、海をこえて朝鮮や沖縄からも。

じじつ、大阪の工業地帯には、他地方から数多くの工場労働者がむらがった。いっぽう、工場主たちの家族は、阪神間の山手へすまいをうつしていく。工場のスモッグをきらった彼らは、より健康的な土地へ移住したのである。

言葉をかえれば、京都に近い船場の語り口もまた、そちらへ移動した。そこで、東京風も加味しつつ、いわゆる芦屋マダムのしゃべり方をなりたたせたのである。このいきさつについては、これまで何度か書いてきた。

船場口調の人びとが、市中から姿をけしていく。だが、河内弁の従業員たちは、大阪にとどまった。そんなエリアに、西日本各地から、労働者たちがあつまりだす。

彼らは先住者であった河内者の言葉づかいを、会話の手本にした。おそらくは、階層的な親近感もてつだって、丁稚《でっち》や手代《てだい》の口調にならったのである。吉本新喜劇の舞台言葉は、その延長線上にあると思うのだが、どうだろう。

今東光の河内像

今東光《こんとうこう》は僧籍をもつ作家であった。一九五一年からは、八尾にある天台院の住職となっている。また、まわりで見聞きする河内の様子を、多くの小説にえがきだした。

それらは同時代の読者におもしろがられ、話題をよんでいる。『河内ぞろ』や『河内風土記』は映画になり、シリーズ化もされた。河内の風俗をひろく世に知らしめた、その第一人者であったと言ってよい。

今東光じしんは、自分がとりあげた河内の人びとを、こう書いている。「下劣で、ケチン坊で、助平で、短気で、卒直で……それが河内者」だ、と（『闘鶏』あとがき）。

しかし、これが歪みのない公平な河内像であったとは思えない。下劣で助平なところを誇張して、読み手をよろこばせた部分はあったろう。じっさい、地元の河内には、それらをめいわくがる人たちも、けっこういた。

「あのかたは、おカネもうけのために、八尾をだいぶ悪く書かれた。あんまりええ人気やありませんな、八尾では……もっとほんとのことを書いてほしい、いわはる方ありますねえ」。鈴木二郎の『浪花巷談《おおさかこのごろ》』（一九七三年）は、地元民のそんな声をひろっている。

八尾の住職でもあった今東光のまわりには、河内者の出入りがあったろう。彼らはいろいろな話を、作家の前でおもしろおかしく語ったと思う。たのしんでもらうため、「下劣で助平」な部分をおおげさに語りもしたのではないか。その誇張された伝聞を、今東光は取材による実話だとうけとめたかもしれない。私は地元で評判の悪い作家に、やや同情的である。

フランスの作家であるメリメに、『カルメン』（一八四五年）という作品がある。スペインに生きる野性的な女を、カルメンのことだが、えがいた小説である。こういう奔放な女を、文明化されたパリでは見かけない。だが、南国のスペインには、まだいるのだと、この作品はうったえかけていた。

今東光にも、『河内カルメン』(一九六五年)という一冊がある。カルメンのような女は河内にもいるという趣向の小説である。メリメは、文明化されていない世界へのロマンを、スペインに託していた。それと同じ構図を、今東光は河内に投影していたのだと、みなしうる。

河内に近い大阪や関西では、これを河内の物語としてうけとめただろう。しかし、他の地域、たとえば東京では、大阪のドラマとして受容したような気がする。首都圏では、大阪と河内のちがいがわからない。どちらもメリメにとってのスペインめいた野性的な地域だと、ひとしなみに認識した。そのため、下劣で助平という今東光の河内像も、大阪像と混同してしまったのではないか。

作家の全盛期は、大阪から船場言葉がしりぞき、河内弁がひろがった時代である。大阪像の変容を、今東光作品があとおしした可能性は高いと思う。

「がめつい」という新語

「がめつい」という言葉がある。今はたいていの国語辞典にのっている。だが、旧大日本帝国時代の辞書に、この言葉を収録したものは、ひとつもない。これが世にうかびあがったのは、二〇世紀もなかばをすぎてからである。

事情通には、わざわざつげる必要もないだろう。この言葉は、芸術座の『がめつい奴』（一九五九年）という芝居があたって、ひろがった。たいへんな人気興行であり、その公演はテレビでも、しばしば中継されている。のみならず、すぐ映画化もされた。二度ほど、テレビドラマになっている。おかげで、この表題も、ひろく世間へ浸透していった。

台本を書いたのは、劇作家の菊田一夫である。また、「がめつい」という言葉じたいも、菊田の造語であった。それより前に、こんな言いまわしは存在しない。

菊田が、どうやって「がめつい」の四文字をひねりだしたのかについては、諸説ある。私は、大阪の郷土史にくわしい牧村史陽がしめした、つぎのような説明を信頼している。

「ごまかす意味のガメルに、ツイをつけて形容詞としたもの……菊田一夫が『がめつい奴』で造語したのが流行語となった。本来の大阪ことばではない」（『大阪ことば事典』一九七九年）

『がめつい奴』は、一九五〇年代なかばごろの大阪、釜ケ崎を舞台とする。「釜ケ谷荘」という簡易旅館にうごめく群像を、えがいている。旅館がたっている土地の、その権利書をめぐって、強欲な人びとが暗闘をくりひろげる。それこそ、すきあらば「ガメ」ようとする人物たちが登場するドラマに、ほかならない。

もちろん、セリフはみな釜ケ崎あたりの大阪弁になっている。銭ゲバと言っていい登場人物が、大阪弁でやりとりをする芝居である。その興行的な成功も、「がめつい」を大阪人の属性とすることに、一役買ったろう。

一九五〇年代以後、より大きな富をもとめた経済人たちは、東京へ進出していった。計算高い彼らの大阪口調も、「がめつい」という大阪像を、首都で補強したかもしれない。やはり、あいつらは「がめつい」、と。

しかし、この事態はつぎのようにながめることもできる。ほんとうに「がめつい」経済人は大阪をすてた。東京へうつっている。やはり、東京こそが金銭に貪欲な人びとをひきつける磁場だった。私などは、そう考える。

いずれにせよ、彼らがさった大阪では、小粒な守銭奴像が物語世界に定着した。こずるい技で相手をだまそうとする、『ナニワ金融道』などにでてくる銭の亡者らが。その根っこも、『がめつい奴』にあると思うが、どうだろう。

金もうけとど根性

大阪が舞台となったテレビドラマを大阪のスタジオでこしらえ、全国に放送する。このごろ、そういうことが、ＮＨＫはべつとして、できにくくなってきた。じっさい、民放の在阪各局は、ドラマ制作の拠点を東京へうつしている。また、大阪の街じたいをあまりえがかない。

一九六〇年代までは大阪で話が展開される、大阪制作のドラマも、よく放映された。しかも、ゴールデンタイムに全国へ流されている。

人気をよんだのは、大阪商人の、いわゆるど根性をえがいたドラマである。どんな逆境をむかえても、歯をくいしばって、たちむかう。金銭へのあくなき執念に、つきうごかされる。そんな人物を登場させる商魂もの、根性ものが、大阪ではよくつくられた。

その立役者は、なんといっても脚本家の花登筐《はなとこばこ》であったろう。『土性《どしよ》っ骨《ぼね》』『売らいでか！』『どてらい男《やつ》』などが、その代表作である。いずれも、菊田一夫の『がめつい奴』を、より純化させた作風になっている。あくどい大阪を誇張する、その一本調子で花登は、ドラマをかきつづけた。また、小説化もさせている。

作家の田辺聖子は、それらをきらっていたらしい。『ラーメン煮えたもご存じない』（一九七七年）という本で、こう書いている。

「誰や。大阪弁を、金もうけとど根性で汚してしまったのは」

「大阪人というと、金と物欲のことしか考えてないように世間は思うが、それは安モノの大阪弁小説が、一時氾濫したせいで……」

とくに、名指しはしていない。しかし、この指摘が花登を念頭においていたことは、うたがえないだろう。

田辺は、小説を書きだしたころ、こう心にきめていたらしい。「大阪弁をひっさげて、私は〈フランソワーズ・サガン〉しよう」、と(『楽天少女通ります』一九九八年)。

サガンは、フランスのブルジョワたちがしめす倦怠感に、光をあてた。いかにも都会的な機知と、そして退廃的な情事をえがいた作家である。その世界観が大阪弁でならあらわせると、田辺は判断した。私も、大阪というブルジョワの都には、それゆえのデカダンスがあると思う。そして、じじつ田辺はサガンばりの小説を、書きつづけた。

「金もうけとど根性」の大阪弁には、心の底からなじめなかったろう。しかし、世間は、アンニュイのただよう都会という大阪像を、よせつけない。「金もうけとど根性」なら、うけいれた。

花登のドラマが浮上したのは、日本の高度成長期である。当時は、日本中が金銭的な成功にあこがれ、商魂にまみれていた。大阪だけが、そちらへむかっていたわけではない。花登の仕事も、そんな国民的とも言うべき情熱を、ともにわかちあっていた。

その後も、在阪各局は大阪のど根性でヒットをとばした花登に、すがりつく。他の多様な人材をはぐくもうとはしなかった。花登のドラマがピークをすぎたあと、新しいドラマを、自前ではつくれなくなっている。「金と物欲のことしか考えない」花登流の大阪人像ばかりが残存したのは、そのためだろう。

ドラマに力を入れなくなった大阪のスタジオは、今トークバラエティーの場となっている。「金と物欲」に、笑いを追加しているところである。

あとがき

大阪はブルジョワの街である。そもそも、そういう都市となるべく、はじめから計画してつくられた。海運の利便性などが豊臣秀吉に見こまれ、人工的にいとなまれた商都なのである。

大阪の陣で街を焼いた江戸幕府も、大阪を見はなしてはいない。その再建に力をつくし、ふたたびよみがえらせている。そして、この街へつどった商人たちに、流通面の仕事をゆだねてきた。大阪が「天下の台所」とよばれるようになったのは、そのためである。

もちろん、大阪の商人も自由な経済運営をまかされたわけではない。彼らは幕府の保護をうけていた。言葉をかえれば、その管理下におかれている。やりたい商売が、なんでもできたわけではない。たとえば、海外との取引は、おおはばに制限されていたのである。

のみならず、幕府はさまざまな形で、大阪商人に上納金を要求した。保護下におかれた商人は、もちろんこれをことわれない。可能な範囲で、当局の無理難題には応じてきた。

だが、幕末期になると、幕府の取りたては以前よりきびしくなっていく。西洋列国の船とはりあうために、海防を強化しなければならない。海軍も創設し、その武備を充実させる必要がある。そんな状況下に、幕府からの金銭的な求めは急増した。

このままでは、いずれ自分たちの商売がたちゆかなくなる。今までの幕藩体制は、あらためてもらわねばならない。大阪の商人は、以上のような想いをいだくようになる。

幕末には、討幕の気運が高まった。朝廷をよりどころとした、新しい政権への可能性がさぐられだす。

この時、大阪の商人たちは、その多くがそちらの勢いに加担した。三井が肝入り役となり、討幕勢力のために軍資金をあつめている。そして、彼らの経済的なあとおしにささえられ、のちの新政府軍は幕府を圧倒した。戊辰戦争なども遂行することが、できている。あるいは、天皇の江戸東京行幸《ぎょうこう》も。

三井らが支援をしなければ、戦費や行幸経費の調達はのぞめない。新政権はできなかった。幕府が大阪の商人を、とりこみつづけておれば、旧体制はこわれなかったろう。明治維新は、ブルジョワが幕府を見かぎったから、なりたった。その意味で、私はあの政変をブルジョワ革命であったと、考える。

しかし、明治維新に言いおよぶ読み物は、あまりそのことへふれようとしない。大名や侍どうしのかけひきで事態を説明するのが、ふつうである。あきんどふぜいが、社会をうごかしたという歴史にしてはならない。どこかで、多くの歴史家たちは、そう思っているのだろうか。士農工商といった序列意識に、彼らはまだとらわれている可能性もある。

いずれにせよ、三井をはじめとする豪商に、あまり維新史叙述の筆はおよばない。大阪経済のになった役割も、おおむねないがしろにされてきた。「天下の台所」がうごいたから維新は実現したと、ほとんど誰も考えない。不肖井上が、大阪のために強調をしておくしだいである。私なりに、維新の百五十周年を記念して（二〇一八年）。

さて、維新の側についた大阪の大商人たちも、たいてい昔日の勢力をうしなった。三井や住友のように、動乱の荒波をのりきったところは、あまりない。破産においこまれた商人も、おおぜいいる。維新は、やはりそれだけの大変動だったのだと、言うしかない。

大阪の経済じたいも、おとろえた。だが、西南戦争の兵站《へいたん》をになったことで、回復のきざしも見えてくる。ちなみに、三菱が浮上したのは、この時からである。そして、二〇世紀へはいるころから、大阪は重工業もになえる都市になりおおせた。と同時に、産業ブルジョワジーが台頭しはじめる。

一九二〇年代には、いくつかの経済指標で、大阪は東京をおいぬいた。一時期は、産業界をひきいる日本の牽引車めいた都市にもなっている。まあ、東京の数字がおちこんだのは、関東大震災のせいでもあったのだが。

ただ、大阪のこういう発展は、同市を工場のはきだす煤煙でおおわせた。大阪は「煙の都」と評されるようになっている。あるいは、「東洋のマンチェスター」とも言われだす。

産業化をおしすすめたブルジョワたちは、そのため大阪の都心からはなれていく。阪神間の山手に居をかまえ、煙の都をあとにした。大阪に拠点をのこした者も、妻子だけはよごれた大阪から遠ざけたのである。

そのため、六甲山系の麓には、大阪のブルジョワ文化が、その上澄みが移動した。そこでは、はなやかでぜいたくな生活が、くりひろげられるようになる。パリのベル・エポックにもなぞらえうる、ブルジョワの黄金時代が到来した。いっぱんに、この現象は阪神間モダニズムと称される。

このブルジョワ文化にも、江戸明治以来のそれを延長させたところはある。しかし、家父長の専横ぶりが弱まった点は、やはり新しい時代の現象だと言える。大阪に片足をのこした家長の目をのがれ、阪神間のマダムは、いくらか自由を満喫した。そこに開花した文化は、以前よりフェミニンな気配を強めていたと思う。

かつての船場言葉は、京都風の語り口をとどめていたという。しかし、阪神間のマダムたちは、東京風の口調をまじえだしていた。新しいブルジョワ夫人たちは、船場までとどいていた京都の文化圏からはなれていく。そして、文化的には、東京へ歩みよりだしたのである。関西圏において京都的な価値がおとろえゆく、その一徴候として特筆しておこう。

とはいえ、この阪神間ベル・エポックも、大阪的なブルジョワ文化に根がある。六甲山系の裾野へ移植もされはした。しかし、源流が大阪にあることはいなめない。にもかかわらず、この現象は大阪文化論という文脈で、あまり語られてこなかった。大阪の華がある部分は、やはりことあげされにくいのかと、かみしめる。

この本が阪神間のクラシック音楽や美しいモデルたちに、あえてこだわったゆえんである。これもまた大阪の姿なのだと、強くのべそえたい。まあ、地理的には兵庫へ越境してもいるのだが。

さて、工業都市へと変貌した大阪には、全国から労働者があつまった。そして、彼らはそこで新しい庶民の文化を形成するようになる。河内や泉州あたりからきていた、奉公人たちの文化をまねながら。

今、大阪を語る言葉がとらえようとしているのは、こちらのほうである。庶民的な大阪の、やや品が悪い部分ばかりを、話題にとりあげやすい。しかも、この本でのべたように、おもしろおかしく誇張しながら。

私は、大阪から派生した阪神間の文化がかえりみられないことを、ざんねんに思う。そして、庶民のいとなんだそれが、揶揄《やゆ》的に語られやすいことも、せつなく感じる。常套的な大阪人論は、しばしば笑える人びととして彼らのことをとりあげてきた。そして、その根は煙の都へあつめられた労働者たちの暮らしぶりにある。ひやかすような物言いは、ひかえてほしい。そこをあおって、一面的な大阪人像をおしつけることも、やめてもらいたいのである。

まあ、大阪の生活者は、そういうことを気にしていないのかもしれない。マスコミがどんなレッテルをこの街にはっても、それはそれでけっこう。なんとでも言いなさいというように。私の想いは、いささか感傷的にすぎただろうか。

この本は、『産経新聞』（大阪版夕刊）に連載された文章を、元原稿としている。原題は「井上章一の大阪まみれ」。自分の名が冠された、ややはずかしいタイトルの文章である。

連載中は、同紙の横山由紀子記者を、わずらわせている。まず、情報収集に力をかしてもらった。私のミスを指摘してくれたのも彼女である。この場をかりて、お礼をのべておく。ありがとうございました。

幻冬舎新書として一冊にまとめることでは、同社の小林駿介氏がてつだってくれた。前著につづき、二度目の負担をかけたこととなる。氏にたいしても、感謝の気持ちをあらわし、この稿をおわらせたい。

本書は「産経新聞」大阪夕刊
（二〇一六年四月四日付から二〇一八年四月二十三日付）に
連載された「井上章一の大阪まみれ」を
改題し加筆修正したものです。

著者略歴

井上章一《いのうえしょういち》

一九五五年、京都府生まれ。
京都大学人文科学研究所助手、国際日本文化研究センター助教授を経て、同教授。
専門の建築史・意匠論のほか、風俗史、美人論、関西文化論など
日本文化についてひろい分野にわたる発言で知られる。
『京都ぎらい』(朝日新書)、『日本の醜さについて』(幻冬舎新書)など著書多数。

幻冬舎新書 521

大阪的

「おもろいおばはん」は、こうしてつくられた

二〇一八年十一月三十日 第一刷発行
二〇一九年 一 月二十日 第四刷発行

著者 井上章一

発行人 見城 徹
編集人 志儀保博
発行所 株式会社 幻冬舎
〒一五一-〇〇五一 東京都渋谷区千駄ヶ谷四-九-七
電話 〇三-五四一一-六二一一(編集)
〇三-五四一一-六二二二(営業)
振替 〇〇一二〇-八-七六七六四三
ブックデザイン 鈴木成一デザイン室
印刷・製本所 株式会社 光邦

Printed in Japan ISBN978-4-344-98522-3 C0295
い-30-2
幻冬舎ホームページアドレス http://www.gentosha.co.jp/
*この本に関するご意見・ご感想をメールでお寄せいただく場合は、comment@gentosha.co.jp まで。

幻冬舎新書

井上章一
日本の醜さについて
都市とエゴイズム

欧米人とくらべて日本人は協調性があると言われるが、日本の街並は調和とはほど遠い。ローマと東京、フィレンツェと京都――世界の都市景観をくらべて見えてきた、真の日本人の精神とは？

安部龍太郎
信長はなぜ葬られたのか
世界史の中の本能寺の変

戦国時代は世界の大航海時代だった。信長は世界と闘った日本初の為政者だったのだ。朝廷との確執、イエズス会との断絶、その直後に起きた本能寺の変……。世界史における本能寺の変の真実。

井出明
ダークツーリズム
悲しみの記憶を巡る旅

人類の悲劇を巡る旅「ダークツーリズム」が世界的に人気だ。小樽、オホーツク、西表島、熊本、長野、栃木・群馬など代表的な日本の悲しみの現場を紹介。未知なる旅を始めるための一冊。

半藤一利
歴史と人生

失意のときにどう身を処すか、憂きこと多き日々をどう楽しむか。答えはすべて、歴史に書きこまれている。敬愛してやまない海舟さん、漱石さん、荷風さん、安吾さんの生き方ほか、歴史探偵流・人間学のエッセンス。

幻冬舎新書

小長谷正明

世界史を動かした脳の病気
偉人たちの脳神経内科

ジャンヌ・ダルクが神の声を聞いたのは側頭葉てんかんの仕業？　南北戦争終結時、北軍の冷酷なグラント将軍が南軍に寛大だったのは片頭痛のせい？　リーダーの変節を招いた脳の病を徹底解説。

石川拓治

京都・イケズの正体

なぜ京都人は排他的で底意地が悪いと揶揄されるのか。丹念な取材と考察を重ねて千二百年の伝統「イケズ」の正体を解き明かしたとき、均一化して活力を失った現代日本再生の鍵が見えてきた！

小谷野敦

文豪の女遍歴

夏目漱石、森鷗外、谷崎潤一郎ほか、スター作家62名のさまよえる下半身の記録。姦通罪や世間の猛バッシングに煩悶しつつ、痴愚や欲望丸出しで恋愛し、それを作品にまで昇華させた日本文学の真髄がここに！

柏井壽

京都の定番

「京都の定番」といえば、有名な寺社仏閣、京料理の名店、桜に紅葉に祇園祭。だが、知ってはいても、「正しい愉しみ方」について語れる人は少ない。京都のカリスマによる京都案内決定版。